A Voz do Silêncio

Helena P. Blavatsky

A Voz do Silêncio

Versão em português de Fernando Pessoa

EDITORA
TEOSÓFICA

SIG - Quadra 6, Lote 1235
Brasília - DF, Brasil – CEP 70.610-460
Tel.: (61) 3322-7843
editorateosofica@editorateosofica.com.br
www.editorateosofica.com.br

4ª Edição em Português, 2022.
(formato 13,5 x 19,5)

B554 Blavatsky, Helena P.
A voz do silêncio/ Helena P. Blavatsky, Tradução
Fernando Pessoa
Brasília, DF: Editora Teosófica, 2022.
152 p.

ISBN: 978-65-88797-85-3

1. Budismo *Mahāyāna* 2. Filosofia Oriental

3. Teosofia II. Título

CDD 294-3

Revisão Editorial: Ísis Resende
Diagramação: Ana Paula Cichelero
Capa: Usha Velasco
Impressão: Gráfika Papel e Cores (1Reimp.2025)
Fone : (61) 98592-6028
e-mail: comercial@grafikapapelecores.com.br

Sumário

Fernando Pessoa

O Teósofo

Fernando Pessoa é, por excelência, o poeta do transcendentalismo. Sua poesia pode ser igualada à de William Blake. É densa, atingindo zonas do inconsciente só reveladas aos místicos e aos profetas. Essa gradativa abertura de consciência, a camada cada vez mais profunda do Ser, transformou-o numa verdadeira ilha na língua portuguesa. Sucessivos estudos foram feitos sobre sua personalidade polimórfica. Mas, para se entender a essência de sua obra, temos de examiná-la sob o ângulo do Ocultismo. Fernando Pessoa dominava uma série de conhecimentos que os homens, ditos letrados, repudiam como sinal de ignorância e superstição. Ele, como Gustav Jung, era um pesquisador do oculto. Um Mestre no que dizia respeito à Alquimia, Astrologia, Rosa-Crucianismo, Kabala, Maçonaria, Magia, etc. Sentia-se atraído por elas como por um abismo. Dentre todas as doutrinas, foi a Teosofia – pela particularidade de abranger todas as ciências exatas, ocultas, filosóficas e religiões em geral – que o marcou definitivamente. Fernando Pessoa foi um teósofo no sentido exato da palavra; um pesquisador da verdade nas suas múltiplas facetas. Foi tocado pela Teosofia como o foram o pintor Piet Mondrian, o músico Scriabin, os poetas Yeats, George Russell e outros. Mas foi a personalidade de Helena Blavatsky – uma das mais extraordinárias figuras do século XIX – que exerceu maior influência na vida dele.

Helena Blavatsky – a tradutora de *A Voz do Silêncio* – era filha do Gen. Peter Hahn e neta do Gen. Alexis Hahn de Rottenstein, nobre família russa. Nasceu em 1831 e, desde a infância, mostrou ser possuidora de rara inteligência. Uma série de fatos curiosos que lhe aconteceram são hoje estudados na

Parapsicologia. De extrema sensibilidade, foi educada – como todas as jovens de boa família da época – sem grandes pretensões intelectuais. Mas tal era a sua inteligência, a capacidade de assimilação dos fatos, que deixava a todos admirados. Inquieta e independente, causava constantes preocupações a seus familiares. Talvez por isso resolveram casá-la aos 17 anos com o velho Gen. Nicephoré Blavatsky, Governador da Província de Erivan. O casamento durou apenas três meses. Em agosto de 1851, já o tendo abandonado, vamos encontrá-la em Londres, onde segundo seu diário – encontrou, no Hide Park, o "Mestre dos Meus Sonhos".

> Ele comunicou-lhe que fora escolhida para um grande trabalho, tendo de se submeter, durante dez anos, a várias provas e preparativos. A partir de então sua vida foi um constante turbilhão quase impossível de imaginar num mundo de comunicações lentas como as daquela época. Em 1848, foi para o Egito, e visitou também Atenas, Smirna e a Ásia Menor; ten-

tou, em vão, penetrar no Tibete. Em 1853, retornou à Inglaterra passando pela China, Japão e América. Em 1855 e 1856, vai aos Estados Unidos, à América Central e novamente à Inglaterra. Daí seguiu outra vez para a Índia, via Egito, fazendo nova tentativa, sem êxito, para penetrar no Tibete. Entre 1861 e 1863, permaneceu na Rússia quando, mais uma vez, vai para o Egito, daí à Pérsia; ao cruzar a Ásia Central consegue, enfim, penetrar no Tibete em 1864. Em 1866, vai à Itália e retorna à Índia indo novamente ao Tibete, que tanto a atraía. Em 1870, no Tibete, recebe instrução direta, parte da qual transmitiria ao mundo no pequeno texto de *A Voz do Silêncio*. Toda sua vida foi uma constante movimentação, fazendo muitos inimigos pela maneira franca e direta com que expunha os assuntos mais controvertidos.

A vida de Fernando Pessoa, diretamente influenciada pela Teosofia, mas sem as viagens que caracterizaram a vida de Blavatsky, foi também uma constante busca de novos caminhos e novas paisagens do mundo inteiro.

Para Fernando Pessoa, a vida era uma revelação. A extrema lucidez, a visão das coisas como elas são, levava-o a um despojamento gradual dos mantos superimpostos que impedem a percepção do real. Os homens, seres, coisas, adquirem, na sua poesia, uma característica diferente.

São iluminados por dentro. Revelam a transparência de concentrações de energia no espaço e no tempo com durações determinadas. A marca da impermanência está presente em tudo. Fernando Pessoa via as coisas no atemporal – no aqui e no agora. Era um místico quando penetrava nos falsos valores com que os homens mascaram a realidade última. Era um Ocultista verdadeiro, pois sabia discernir o oculto sob as aparências. Sua poesia está impregnada de raízes no mais profundo do inconsciente coletivo. Está molhada nas águas existentes em regiões profundas do ser humano. Segundo Jung, no Ensaio "Poesia e Psicologia":

– A experiência poética, autêntica, aflora de regiões profundas da alma, salutares e benéficas, preexistentes à segregação das consciências individuais, e que, a partir desse regaço coletivo, seguiram os seus passos dolorosos. Brota dessas regiões onde todos os seres vibram ainda, em uníssono, e onde consequentemente a sensibilidade e a ação do indivíduo valem para toda a humanidade.

Toda a obra de Fernando Pessoa é um hino ao outro lado, ao Além – Deus. Seus heterônimos são aspectos da fragmentação de consciência de um homem que penetrava, mais e mais, nas camadas do seu Ser em busca dessa presença fundamental que sabia existir por intuição direta. Para ele, entretanto, a origem dos diferentes "eus" era apenas um traço de histeria. Numa carta que *trata desse* problema, reconhece:

Não sei se sou histérico simplesmente, se sou mais propriamente um histero-neurastênico. Prefiro esta segunda hipótese, porque há em mim fenômenos de abulia que é a histeria propriamente dita; a origem mental dos meus heterônimos está na minha tendência orgânica e constante para a despersonalização e simulação. Estes fenômenos, felizmente para mim e para os outros, mentalizaram-se em mim. Quero dizer, não se manifestam na minha vida prática, exterior, ao contato com os outros. Explodem para dentro, vivo-os eu a sós comigo. Se eu fosse mulher – na mulher os fenômenos histéricos rompem em ataques e coisas parecidas – cada poema de Álvaro de Campos (o mais histericamente histérico de mim) seria um alarme para a vizinhança. Mas sou homem e nos homens a histeria assume principalmente aspectos mentais. Assim, tudo acaba em silêncio e poesia.

Nota-se, claramente, em seus escritos, um trabalho intenso de busca, de maturação. A Alquimia, que tanto o apaixonava, trata especificamente dessa maturação do ser humano. Segundo ela, a matéria bruta da nossa natureza, simbolizada pelo chumbo, pode ser transmutada em ouro. É um trabalho de transformação feito no interior do laboratório que existe em nós. A palavra laboratório significa etimologicamente: trabalho e oração. Há, portanto, um trabalho, medido por esforços, que pode ser ativado pela meditação. A Oração-Meditação é o calor que irá dissolvendo a matéria bruta. Esta, aliás, é a ideia hindu de *Tapas* – o sacrifício que desenvolve calor interno. Esse Trabalho maior é muito mais efetivo do que todo trabalho externo que fazemos. É doloroso, pois é uma obra que terá de ser feita por cada um de nós sozinhos, com as mãos a sangrar, removendo os escombros que se acumulam no caminho interno que nos levará à Paz definitiva. Esse caminho – chamado Senda dos Ocultistas – é cheio de espinhos e curvas, possui várias etapas que o candidato à transmutação do Ser e à libertação dos sofrimentos deve necessariamente cumprir. Cada coisa precisa ser feita no seu momento, pois a natureza não dá saltos nem é enganada pelas aparências. Diante de nós está o próprio caminho. Fernando Pessoa teve consciência dessa vereda que nos leva a abismos cada vez mais profundos quando entrou em contato pela primeira vez com a Teosofia.

A Teosofia é um conjunto de conhecimentos provindos da mais remota antiguidade. A palavra Teosofia vem da fusão de duas palavras gregas: *Theos* – que significa Deus, e *Sophia* – Sabedoria. Portanto, etimologicamente falando, Teosofia é Sabedoria Divina. Este termo é encontrado pela primeira vez no século II, aplicado pelo filósofo Ammonius Saccas (160-242), considerado o fundador da Escola Neoplatônica.

Assim como Sócrates, ele aconselhava aos que dele se aproximavam que meditassem sobre o céu e a terra. Parece que não deixou nada escrito, sendo oral todo o seu ensinamento. Consta que não foi discípulo de ninguém. Era filósofo de nascença. Pela extraordinária bondade, seus discípulos – entre os quais figuravam Longinos, Orígenes e Plotino – o chamavam de *Theoditaktos*, que significa:

o instruído por Deus. A origem desse sistema de conhecimentos, chamado Teosofia, perde-se na noite dos tempos. Sempre existiu, em todos os locais e épocas, um conjunto de regras transmitidas oralmente pelo mestre aos discípulos após terem sido estes submetidos às necessárias provas. A Teosofia constitui assim a base comum, o ponto onde se encontram todas as Ciências, Filosofias e Religiões. Segundo afirma Jung no Ensaio já citado:

> Não existe cultura primitiva que não tenha possuído um corpo, às vezes desenvolvido, de doutrinas iniciáticas secretas representando preceitos relativos às coisas obscuras que se situam além da vida humana diurna e suas lembranças. Os clãs dos homens e os clãs totêmicos tinham por finalidade proteger esse saber ensinado nas iniciações masculinas. A antiguidade fez o mesmo. Seus mistérios e mitologia tão ricos não são mais que uma relíquia de escalões mais antigos de experiências semelhantes.

Com o aparecimento da escrita, parte desses conhecimentos foram gravados, permitindo sua chegada até nós. Os hindus chamam esse sistema de conhecimento *Brahma Vydia* – A Sabedoria Divina. Os egípcios também a conheciam e citavam como seu criador Pot Amoun, que viveu no início da dinastia dos ptolomeus. Os mistérios de Ísis eram o veículo da transmissão desses conhecimentos. Os gregos tiveram plena ciência dela. Os mistérios de Delfos, Elêusis, Deméter, Dionísio e tantos outros, difundidos pela Grécia e Ásia Menor, atestam isso perfeitamente. Na Sicília, o grande Pitágoras a explicava aos discípulos envolta na simbologia dos números e das formas. Havia em Roma os mistérios de Cibele, Atis e Ceres. Em Alexandria, os já citados neoplatônicos Amonius Saccas, Plotino, Porfírio e Jâmblico. No Gnosticismo, com Valentim e Basíledes. Entre os místicos de todas as épocas a Teosofia está revelada: constitui a Filosofia Perene de Leibnitz que embebe todas as filosofias. Ruysbroeck, Santa Gertrudes, Mestre Eckhart, Hildegarda, Suso,

Jacob Boehme, Catarina de Siena, São Francisco de Assis, Francisco Sales, no Ocidente; Patañjali, Viasa, Mahavira, Śankara, Valmiki, Lao-Tsé, Milarepa, Nargajuna e tantos outros, no Oriente, são os que mais se destacam. Em suma, em todo o mundo, se cavarmos as camadas superpostas que constituem o conhecimento humano, encontraremos a base comum na Teosofia, raiz desse conhecimento. Em alguns lugares à flor do solo, em outros no fundo dos abismos. O Dr. Evans Wentz, na introdução do livro *A Yoga Tibetana e Suas Doutrinas Secretas,* afirma: "Qualquer um dos mais instruídos no Ocultismo dos Lamas diz que não há povo, por mais degenerado e inculto que seja, que não possua um fragmento, por mais pequeno que seja, do ensinamento dos grandes sábios". É significativo que, em 1888, justamente no ano do nascimento de Fernando Pessoa, Helena Petrovna Blavatsky apresentasse ao mundo a monumental Obra – *A Doutrina Secreta* – onde era formulada a Teosofia. O impacto produzido por esse livro pode ser medido pela montanha de calúnias que sua autora teve de suportar. Charlatã, vigarista, mistificadora foram alguns dos dardos que recebeu. A reação violenta partia do colonialismo que caracterizava o século XIX, procurando imobilizar todos aqueles que ousavam exaltar a importância da cultura tradicional da Índia. Nessa época, como em todas as outras, havia grandes interesses em manter a Índia numa total dependência da Inglaterra. Korzybski, o autor de *Science and Sanity*, o criador da Semântica geral, denuncia, em 1933, a existência desses sistemas fechados, ao afirmar: "Há um poderoso e organizado sistema, com enorme riqueza por trás, baseado em moldes pré-aristotélicos e aristotélicos de avaliação, mantendo a humanidade presa a ilusórios estados semânticos. Seus membros fazem tudo para manter escrava a insana humanidade distante da realidade, em vez de a auxiliarem na revisão dos modelos aristotélicos de avaliação, reorganizando as horríveis realidades de nossa própria fabricação em realidades menos dolorosas".

A Teosofia, por sua característica não aristotélica, apelando para a intuição e para as faculdades não racionais do homem, teria de provocar um tremendo choque nos padrões preestabelecidos dos que tentavam manter posições político-econômicas. A Índia, inerme e desfibrada, era então o grande prato que justificava todos os sacrifícios. A tentativa de quebrar o seu espírito, esse mesmo espírito que a manteve unida por milênios, fazia-se em várias frentes e em planos simultâneos de diferentes níveis. Na Educação, procurava-se condicionar os jovens à maneira ocidental de viver. Na Religião, zelosos missionários ridicularizavam as formas tradicionais do culto popular tachando-as de ignorância e superstição. Em todos os setores o modelo britânico era apresentado como único padrão a ser seguido. Quando a maré estava no seu ponto mais baixo, surgiu H. P. B., e seu leal companheiro, o coronel norte-americano Henry Steel Olcott. A Sociedade Teosófica, fundada em 1875 em Nova Iorque e depois transferida para a

Índia na cidade de Chennai (antiga Madras) onde se encontra até hoje, era a corporificação de um trabalho de reação às forças que pretendiam manter o obscurantismo através do domínio político-econômico. A Teosofia tocou muitas pessoas. Políticos, poetas, artistas. Entre eles haveria um que modificaria o destino da Índia – Mahatma Gandhi. Em sua *Autobiografia* dá o testemunho do efeito que lhe produziu a Teosofia. Encontrava-se em Londres quando conheceu dois irmãos teósofos. Diz ele: "Nessa ocasião levaram-me à Loja Blavatsky, onde fui apresentado à Sra. Blavatsky e à Sra. Annie Besant... Lembro-me de que, incentivado por amigos, li o livro da Sra. Blavatsky *A Chave para a Teosofia.*[1] Esta obra estimulou em mim o desejo de ler sobre o Hinduísmo e destruiu aquela noção alimentada pelos missionários de que a Índia era cheia de superstições".

Convém lembrar que no fim do século XIX, quando a Teosofia foi reapresentada por H. P. B.,

[1] Editora Teosófica. Brasília, 1991. (Nota Ed. Bras.)

o mundo estava envolvido pelo materialismo. A ciência engatinhava e a tecnologia, baseada na máquina a carvão, conquistava novos campos de aplicação. O trabalho era escravo e desenfreada a exploração do homem pelo homem. O ateísmo, alimentado pelos homens de ciência, conquistava novos adeptos. O materialismo histórico de Marx e Engels estava em plena floração. O mundo estava dividido em centenas de países, enquanto a Inglaterra dominava o panorama internacional. Nada mais distante do campo político, social, econômico e cultural daquela época, do que a ideia da Unidade pregada pela Teosofia. A Fraternidade Universal sem preconceitos de sexo, casta, cor ou religião era algo completamente fora dos propósitos dos quadros vigorantes daquele momento. Exatamente nesse momento surgiu a mensagem de unidade do conhecimento, ideia que anos depois Einstein iria formular na sua *Teoria do Campo Unificado*. A Teosofia é a teoria do campo unificado, do Espírito Universal.

Tais ensinamentos iriam marcar profundamente a alma sensível de Fernando Pessoa. A poesia refletia essa mudança. Em carta ao seu fiel amigo Mário de Sá-Carneiro, ele descreve o momento mágico do encontro:

> Lisboa, 6 de dezembro de 1915.
>
> Meu querido Sá-Carneiro: Como lhe escrevo esta carta, antes de tudo, por ter a necessidade psíquica absoluta de lhe escrever. Você desculpará que eu deixe para o fim a resposta à sua carta e postal hoje recebidos, e entre imediatamente naquilo que será o assunto desta carta.

Esta é uma das mais importantes cartas de Fernando Pessoa, onde o poeta revela toda tempestade que se desencadeava no seu interior. Confessa *uma necessidade psíquica absoluta*. O estágio que passa é conhecido pelos místicos como a noite escura da alma" e surge quando o trabalho interno está pronto a desabrochar. O abismo é total. A taça está cheia de fel até a borda. Continua dizendo:

> Estou outra vez preso de todas as crises imagináveis, mas agora o assalto é total. Numa coincidência trágica desabaram sobre mim crises de várias ordens. Estou psiquicamente cercado.

O cerco é completo! Não vislumbra qualquer saída. Está diante de um impasse. É a conhecida *Vairāgya* dos hindus: o descontentamento. Segundo o filósofo Bhagavan Das em sua obra *The Science of Peace*, "*Vairāgya* é a viva rebelião contra toda a limitação do eu, contra todo o egoísmo, dos outros e de si próprio". A intensidade dessa angústia será a força que acabará por romper as cascas do eu. Fernando Pessoa sofria depressões periódicas. Em outra carta descreve, com grande nitidez, essa angústia em que estava mergulhado.

> Escrevo-lhe hoje por uma necessidade sentimental, uma ânsia aflita de falar consigo. Como de aqui se depreende eu nada tenho a dizer-lhe. Só isto: que estou hoje no fundo de uma depressão sem fundo. O absurdo da frase falará por mim. Estou num da-

queles dias em que nunca tive futuro. Há um presente imóvel como um muro de angústia. A margem do rio nunca, enquanto é a de lá e a de cá. E é esta a razão íntima de todo o meu sofrimento. Há barcos para muitos portos, mas nenhum para a vida não doer, nem desembarque onde se esqueça. Tudo isso aconteceu há muito tempo, mas minha mágoa é mais antiga. Em dias da alma como o de hoje eu sinto bem, em toda a consciência de mim mesmo, que sou uma criança triste em que a vida bateu. Puseram-me a um canto de onde se ouve brincar. Sinto nas mãos o brinquedo de lata partido que me deram hoje por ironia. Hoje, dia 14 de março, às nove e meia da noite, a minha vida sabe valer isto. No jardim que entrevejo pelas janelas caladas do meu sequestro, atiraram todos os balanços para cima dos ramos de onde pendem. Estão enrolados muito alto, e assim nem a ideia de mini fugido pode, na minha imaginação, ter balouços para esquecer a hora. Pouco mais ou menos isto, mas sem estilo, é o estado da minha alma neste momento. Como veladora

> do Marinheiro ardem-me os olhos, de ter pensado em chorar. Dói-me a vida aos poucos, aos goles, com interstícios em chorar. Tudo isso está impresso em tipo muito pequeno num livro com brochura a descoser-se.
>
> Se eu não estivesse escrevendo a você, teria de jurar que esta carta é sincera, e que as coisas sem nexo histérico que aí vão saíram espontaneamente, é de uma realidade de cabide ou de xícara de chá cheia de aqui e agora, e passando-se na minha alma como o verde das folhas.

Voltando à primeira carta citada, vemos que a crise continua mais forte do que nunca. Chega ela a ser um desvairamento:

> Renasceu a minha crise intelectual, aquela que lhe falei, mas agora renasceu mais complicada, porque à parte ter renascido nas condições antigas, novos fatores vieram emaranhá-la de todo. Estou por isso num desvairamento e numa angústia intelectuais que você mal imagina. Não estou senhor da lucidez

> suficiente para lhe contar as coisas. Mas como tenho necessidade de lhes contar irei explicando conforme posso.

O poeta está diante de uma crise de dimensões completamente diferentes das anteriores. Sem dúvida é o ponto alto de sua vida que se aproxima. Algo lhe ocorrera transformando-lhe completamente a existência. Tocando-o com ferro em brasa no fundo do Ser. O poeta confidencia então ao amigo:

> A primeira parte da crise intelectual já você sabe o que é: a que apareceu agora deriva da circunstância de eu ter tomado conhecimento das doutrinas teosóficas. O modo como as conheci foi banalíssimo. Tive de traduzir livros teosóficos.

A impregnação das ideias teosóficas em Fernando Pessoa foi marcante, pois, como se sabe, todo tradutor de sensibilidade tende a recriar em si a obra do autor. O grau dessa impregnação pode ser medido pelo grande número de obras teosóficas por ele traduzidas, das quais, José Galvão, em *Fontes Impressas da Obra de Fernando Pessoa,* relaciona as seguintes: *Compêndio de Teosofia,* de C. W. Leadbeater; *Auxiliares Invisíveis, A Clarividência; Os Ideais de Teosofia,* de Annie Besant, *Luz no* Caminho, *Karma* e *A Voz do Silêncio.* Sob o pseudônimo de Fernando Castro, traduziu os seguintes livros: O *Mundo de Amanhã, Conferências Teosóficas, Introdução à Ioga,* de Annie Besant e Os *Servidores da Raça Humana,* de C.W. Leadbeater, todos editados na coleção teosófica e esotérica da Livraria Clássica Editora, Lisboa. Fernando Pessoa teve oportunidade de penetrar na imensa floresta dos conhecimentos teosóficos. É interessante relembrar que também Annie Besant foi tocada, de maneira semelhante, pela leitura de uma obra de H. P. Blavatsky. Annie Besant é a grande lutadora pelos direitos da humanidade no fim do século XIX. Viveu, durante seus 85 anos, diversas vidas. Livre pensadora, agitadora social, feminista, propaladora do controle da natalidade, conversa ao socialismo fabiano, ateísta militante, companheira de ideal de Bernard Shaw e Charles Bradalaugh. Em 1889, numa impressionante "Conversão", deixa de lado todo o passado de ateísmo, tornando-se teósofa e discípula de Helena Petrovna Blavatsky. Na sua *Autobiografia,* nos conta ela que Bernard Shaw lhe enviara um grosso livro – *A Doutrina Secreta* de H.P.B. – para ser criticado na *Pall Mall Gazette.* Enquanto lia o texto, sentia-se fascinada. Escreveu um comentário altamente elogioso e procurou obter do editor uma carta de apresentação para a autora. No período em que leu *A Doutrina Secreta,* Annie Besant escreveu a um amigo um bilhete profundamente significativo: "Estou mergulhada em Mme. B. Se eu perecer na tentativa de criticar a sua obra, deves responder para minha sepultura ..." O encontro com aquela mulher corpulenta, de olhos enormes, presa em uma cadeira de rodas, fez Annie Besant sentir o coração pular e a convicção de ter finalmente encontrado seu destino. Modificou repentinamente toda a sua vida.

A reação de George Bernard Shaw foi violenta. Ele nos conta como o fato ocorreu:

"Aturdido por esse golpe para o qual não estava preparado, que significava para mim a perda de uma poderosa colega e de uma amizade que se tornava parte da minha vida diária, corri ao seu escritório em Fleet Street e lá iniciei uma denúncia contra a Teosofia em geral e a inconstância feminina, particularmente a de H. P. Blavatsky, autora de um dos livros – *Ísis sem Véu* ou *A Doutrina Secreta* – não sei bem qual delas que causara todo o problema. Mas tudo foi em vão. Permanecemos, entretanto, bons amigos pelo resto da vida."

Com Fernando Pessoa aconteceu o mesmo. Descreve ele na carta já citada:

Abalou-me a um ponto que eu julgaria hoje impossível, tratando-se de um sistema religioso. O caráter extremamente vasto desta religião-filosofia, a noção de força, de domínio, o meu próprio des-

> conhecimento das realidades superiores e extra-humanas que ressoam das obras teosóficas perturbaram-me muito. Coisa idêntica ocorrera-me há muito tempo com a leitura de um livro inglês sobre os Ritos e Mistérios da Rosacruz. A possibilidade de que ali, na Teosofia, esteja a Verdade Real me *hante*[2]".

A Teosofia o atrai. É o abismo que chama os que contemplam as suas dimensões enevoadas. Fernando Pessoa confessa-se, então, totalmente possuído pelas novas ideias.

> Não me julgue a caminho da loucura. Creia que não estou. Isto é uma crise grave de um espírito capaz de ter crises dessas. Ora, se meditares que a Teosofia é um sistema ultracristão, no sentido de conter os princípios cristãos elevados a um ponto onde se fundem em não sei que além Deus, e pensar no que há de fundamentalmente incompatível com o meu paganismo essencial, terás o primeiro elemento grave que se acrescentou à minha crise. Se depois

[2] Do francês, significando: assombra. (Nota Ed. Bras.)

reparares que a Teosofia, porque admite todas as religiões, tem caráter inteiramente parecido com o paganismo, que também admite no seu Panteon todos os deuses, terás o segundo elemento da minha grave crise de alma. A Teosofia apavora-me pelo seu mistério. É o horror e a atração do abismo realizados no além alma. Um pavor metafísico, meu caro.

Fernando Pessoa penetrou fundo nas doutrinas que lhe proporcionavam felicidade, mas ao mesmo tempo experimentou um sofrimento profundo. O poeta, o místico, o profeta, mergulhava fundo no além mundo.

Produzia efeitos em todo o seu ser sensível, ao vibrar com o esforço. Neste momento ele inveja o homem comum, que vive como animal, come, procria, sem essas preocupações. Mas no fundo sabe que é um escolhido. Em carta a Adolfo Casais Monteiro nega que pertence a qualquer ordem iniciática. Dá a sua opinião a respeito do Ocultismo[3].

[3] Carta de Fernando Pessoa a Adolfo Casais Monteiro, de

Falta responder à sua pergunta quanto ao Ocultismo. Pergunta-me se creio no Ocultismo. Feita assim, a pergunta não é bem clara; compreendo porém a intenção e a ela respondo. Creio na existência de mundos superiores ao nosso e de habitantes desses mundos, em experiências de diversos graus de espiritualidade, sutilizando-se até se chegar a um Ente Supremo, que presumivelmente criou este mundo. Pode ser que haja outros Entes, igualmente Supremos, que hajam criado outros Universos, e que esses Universos coexistam com o nosso, interpenetradamente ou não. Por estas razões, e ainda outras, a Ordem Externa do Ocultismo, ou seja, a Maçonaria, evita (exceto a Maçonaria anglo-saxônica) a expressão "Deus", dadas as suas implicações teológicas e populares, e prefere dizer "Grande Arquiteto do Universo", expressão que deixa em branco o problema de se Ele é Criador, ou simples Governador do mundo. Dadas estas escalas de seres, não creio na comunicação direta com Deus, mas, segundo a nos-

14.1.35, *in João* Gaspar Simões, *Vida e obra de Fernando Pessoa*, II, p. 232-33.

sa afinação espiritual, poderemos ir-nos comunicando com seres cada vez mais elevados. Há três caminhos para o oculto: o caminho mágico, caminho esse extremamente perigoso, em todos os sentidos; o caminho místico, que não tem propriamente perigos, mas é incerto e lento; e o caminho alquímico, o mais difícil e o mais perfeito de todos, porque envolve uma transmutação da própria personalidade que a prepara, sem grandes riscos, antes com defesas que os outros caminhos não têm. Quanto à "iniciação" ou não, posso dizer-lhe só isto, que não sei se responde à sua pergunta: não pertenço a Ordem Iniciática nenhuma. A citação, epígrafe ao meu poema *Eros e Psique,* de um trecho (traduzido, pois o *Ritual* é em latim) do Ritual do Terceiro Grau da Ordem Templária de Portugal, indica simplesmente – o que é fato – que me foi permitido folhear os Rituais dos três primeiros graus dessa Ordem, extinta, ou em dormência desde cerca de 1888. Se não estivesse em dormência, eu não citaria o trecho do Ritual, pois não se devem citar (indicando a origem) trechos de Rituais que estão em trabalho.

Nessa carta desmente que pertença a qualquer ordem iniciática, adotando apenas a posição daqueles que, sob juramento, recebem essa iniciação. Há um poema chamado "Iniciação" em que claramente se nota o seu contato com os ensinamentos ocultos:

> Não dormes sob os ciprestes, / Pois não há sono no mundo. / O corpo é a sombra das vestes / Que encobrem o teu ser profundo. / Vem a noite, que é a morte, / E a sombra acabou sem ser. / Vais na noite só recorte, / Igual a ti sem querer. /
>
> Mas na Estalagem do Assombro / Tiram-te os Anjos a capa. / Segues sem capa no ombro, / Com o pouco que te tapa. /
>
> Então Arcanjos da Estrada/ Despem-te e deixam-te nu. / Não tens vestes, não tens nada: / Tens só teu corpo, que és tu. /
>
> Por fim, na funda caverna, / Os Deuses despem-te mais. / Teu corpo cessa, alma externa, / Mas vês que são teus iguais. / A sombra das tuas vestes / Ficou

entre nós na Sorte. / Não está morto, entre ciprestes. / ... / Neófito, não há morte. /

Na poesia revelam-se vários estágios que acompanham o neófito na sua iniciação. O despojamento das roupas profanas. A purificação dos veículos até a nudez completa. A nudez significa a alma pura dos recém-nascidos, dos puros de coração, dos pobres de espírito, prestes a receberem a grande mensagem. Apesar de negar, Fernando Pessoa revela, em outra carta, citada pelo seu maior biógrafo, João Gaspar Simões, que fora iniciado em conhecimentos que não poderia revelar. A carta data de 14-1-1935, e é dirigida a Adolfo Casais Monteiro, na qual, num P. S., ele se revela:

> Outra coisa. Pode ser que, em qualquer estudo, ou outro fim análogo, o Casais Monteiro precise no futuro qualquer passo desta carta. Fica desde já autorizado a fazê-lo, mas com uma reserva, e *peço-lhe licença para lhe acentuar.* O parágrafo sobre o Ocultismo, na p. 7 da minha carta, *não pode ser reproduzido*

em letra impressa. Desejando responder o mais claramente possível a sua pergunta, *saí propositalmente um pouco fora dos limites* que são naturais nessa matéria.

Trata-se de uma carta particular e por isso não hesitei em fazê-lo. Nada obsta a que se leia esse parágrafo a quem quiser, desde que a pessoa *obedeça também ao critério de não reproduzir* em letra impressa o que neste parágrafo vai escrito. Creio que posso contar consigo para tal fim negativo [restritivo. N.T.]" (páginas de *Doutrina Estética*).

O silêncio é a regra usual nesses casos. Fernando Pessoa mantinha o juramento apesar de revelar, em parte, os ensinamentos que recebera.

Por pertencer à literatura profunda que atravessa séculos, *A Voz do Silêncio,* de H. P. Blavatsky, deve ter marcado profundamente Fernando Pessoa quando da sua tradução. A maneira como foi escrito é das mais significativas. Veremos que a criação da Poesia dos heterônimos se revestia da mesma característica com que H. P. B. escreveu essa obra. A autora estivera durante certo período da sua vida no Tibete, onde recebera a instrução que depois revelaria ao mundo nos seus livros. Lá permaneceu, em contato direto com seus mestres. Recebeu instruções orais, como é normal, sendo obrigada a decorar textos inteiros. *A Voz do Silêncio* contém a essência dos ensinamentos budistas tibetanos. A esse respeito o Tashi-Lama do Tibete, que viveu no período de 1883 a 1937, declara, no prefácio da edição chinesa da obra, que: — "o texto é a única e verdadeira exposição em inglês da Doutrina do Coração do Budismo *Mahāyāna*". Outro Lama tibetano, o falecido Kazi-Dawa Samdup, diz no *Livro Tibetano dos Mortos,* Evan Wents (Editora Rocco), que, "apesar de todas as severas críticas dirigidas contra os trabalhos de H. P. Blavatsky, há uma profunda evidência, de que a autora conhecia intimamente os mais elevados ensinamentos lamaísticos, nos quais, segundo ela, fora iniciada".

O livro *A Voz do Silêncio* foi escrito num período em que a autora se encontrava em Fontainebleau descansando de sua intensa atividade. Annie Besant descreve, em sua *Autobiografia,* as curiosas circunstâncias em que esse livro foi reproduzido.

> Fui chamada a Paris para tomar parte num grande Congresso Trabalhista, ali realizado, de 15 a 20 de julho, e passei um ou dois dias em Fontainebleau com H. P. B., que lá se encontrava para repousar por uma ou duas semanas. Encontrei-a traduzindo os maravilhosos fragmentos retirados do *Livro dos Preceitos Áureos,* agora tão bem conhecido como *A Voz do Silêncio.* Escrevia fluentemente sem qualquer cópia diante de si e, à noite, pediu-me que lesse o texto para ver se estava num inglês decente". Annie Besant, numa conferência feita em 1895, acrescenta mais detalhes da maneira como foi escrito o livro. Encontrando-se no mesmo quarto de H. P. B. no momento em que nascia o texto, diz Annie Besant:

> ... ela escrevia sem consultar qualquer livro. Escrevia incessantemente, hora após hora, exatamente como se estivesse escrevendo de memória ou lendo onde não havia qualquer livro. À noite o manuscrito estava pronto.

O curioso é que o método é idêntico ao de Fernando Pessoa na sua escrita automática. Seus heterônimos nasceram de maneira semelhante.

Segundo ele:

> Em 8 de março de 1914, acerquei-me de uma cômoda alta e, tomando do papel, comecei a escrever de pé como escrevo sempre que posso. E escrevi trinta e tantos poemas a fio, numa espécie de êxtase cuja natureza não consegui definir... E o que se deu a seguir foi o aparecimento em mim, a quem dei desde logo o nome de Alberto Caeiro. Desculpe-me o absurdo da frase: aparecera em mim o meu mestre.

Logo a seguir e de maneira idêntica surgem Álvaro de Campos e Ricardo Reis. O poeta mergulhava cada vez mais nas raízes do próprio Ser. Recebia então a comunicação direta das camadas profundas do inconsciente coletivo comum a todos os homens. *A Voz do Silêncio*, produto da intuição, brotara como uma fonte. Essa mesma voz que está dentro de todas as criaturas à espera de que nossos ouvidos cheios de ruídos a percebam num instante de isolamento, de solidão criadora. A intuição é a visão direta da realidade, sem intermediários. Para Spinoza ela é o conhecimento do "Terceiro Grau". Quando o saber racional é posto de lado e o homem é colocado diante do real. Em Platão é a inspiração divina que leva a alma ao mundo das ideias. Ou, como dizia Santo Agostinho no cap. XI das suas *Confissões:* "Já *me tens* dito, Senhor, com voz forte no *Ouvido Interior* que tu és eterno e imortal".

Quando tudo está pronto surgirá, de repente, uma Senda. Um caminho há muito perdido no nevoeiro. Sem deixar traços. Sem marcas. Só sons distantes chegam, coados pelas folhagens dos pensamentos. De presente só o cansaço envolvendo a tudo como um manto de chumbo e algodão hidrófilo. Apertando as chagas do passado que já não sangram mais. Diante de nós, nos nossos pés, aqui e agora, existe, entretanto, o caminho antigo uma vez trilhado há tanto tempo. Cheio de limo. Coberto de folhas. Umedecido de lágrimas e de espinhos. Um caminho revelado em *A Voz do Silêncio*. Quem tiver ouvidos que ouça o seu canto.

Murillo Nunes de Azevedo

Prefácio

(Da tradução inglesa)

As páginas seguintes são extraídas do *Livro dos Preceitos Áureos,* uma das obras lidas pelos estudiosos do misticismo no Oriente. O seu conhecimento é obrigatório naquela escola cujos ensinamentos são aceitos por muitos teósofos. Por isso, como sei de cor muitos destes preceitos, o trabalho de traduzi-los foi para mim uma tarefa fácil.

É bem sabido que na Índia os métodos de desenvolvimento psíquico divergem segundo os Gurus (professores ou mestres), não só porque eles pertencem a diferentes escolas filosóficas, das quais há seis, mas também porque cada Guru tem o seu sistema, que em geral mantém cuidadosamente secreto. Mas, para além dos Himalaias, não há diferença de métodos nas escolas esotéricas, a não ser que o Guru seja simplesmente um Lama, pouco mais sabendo que aqueles a quem ensina.

A obra, de onde são os trechos que traduzo, forma parte da mesma série daquela de onde são extraídas as estâncias do *Livro de Dzyan* em que se baseia *A Doutrina Secreta*. Juntamente com a grande obra mística chamada *Paramārtha*, a qual, segundo nos diz a lenda de Nagarjuna, foi ditada ao grande *Arhat* pelos *Nagas* ou serpentes – nome dado aos antigos iniciados – o Livro dos Preceitos Áureos invoca a mesma origem. As suas máximas e conceitos, porém, por nobres e originais que sejam, encontram-se muitas vezes, sob formas diversas, em obras sânscritas, tais como o *Jñānesvari*, esse magnífico tratado místico em que Krishna descreve a Arjuna, em cores brilhantes, a condição de um Iogue plenamente iluminado; e ainda em certos *Upanishads*. Isso, afinal, é naturalíssimo, visto que quase todos, senão todos, os maiores *Arhats*, os primeiros seguidores do Gautama Buda foram hindus e arianos, e não mongólicos, sobretudo aqueles que emigraram para o Tibete. As obras deixadas apenas por Aryasangha são, por si só, numerosíssimas.

Os Preceitos originais estão gravados sobre lâminas oblongas delgadas; as cópias muitas vezes sobre discos. Estes discos ou lâminas são geralmente conservados nos altares dos templos ligados aos centros onde estão estabelecidas as chamadas escolas "contemplativas" ou *Mahāyāna* (*Yogāchārya*). Estão escritos de diversas maneiras, às vezes no idioma tibetano, mas principalmente em ideógrafos. A língua sacerdotal (*senzar*), além de ter um alfabeto próprio, pode ser traduzida utilizando criptogramas diversos, que têm mais de ideogramas do que de sílabas. Outro método (*lug*, em tibetano) é o de empregar os números e as cores, cada um dos quais corresponde a uma letra do alfabeto tibetano (trinta letras simples e setenta e quatro compostas), formando assim um alfabeto criptográfico completo.

Quando se empregam os ideógrafos há uma maneira certa de ler o texto, pois, neste caso, os símbolos e os sinais usados na astrologia, isto é, os doze animais do Zodíaco e as sete cores primárias, cada uma tripla em seu matiz (claro, primário e escuro), representam as trinta e três letras do alfabeto simples, formando palavras e orações. Porque, neste método, os doze animais, cinco vezes repetidos e juntos aos cinco elementos e às sete cores, compõem um alfabeto completo de setenta letras sagradas e doze signos. Um signo posto no princípio de um parágrafo indica se o leitor deve soletrá-lo segundo o modo indiano (em que cada palavra é apenas uma adaptação sânscrita), ou de acordo com o princípio chinês de ler os ideogramas. O método mais fácil é, porém, aquele que não permite ao leitor empregar qualquer língua especial, ou que seja do seu agrado, visto que os sinais e os símbolos eram, como os números ou algarismos arábicos, propriedade comum e internacional entre os místicos iniciados e os seus adeptos. A mesma peculiaridade é característica de uma das formas da escrita chinesa, que pode ser lida com igual facilidade por qualquer pessoa conhecedora dos caracteres: por exemplo, um japonês pode lê-la na sua língua tão prontamente como um chinês na sua.

O Livro dos Preceitos Áureos – alguns dos quais são pré-budistas, ao passo que outros pertencem a uma época posterior – contém uns noventa pequenos tratados distintos. Destes aprendi de cor, há muitos anos, trinta e nove. Para traduzir os outros, teria de recorrer a apontamentos dispersos entre um número de papéis e notas, acumulados em 20 anos e nunca postos em ordem, demasiado grande para que a tarefa fosse fácil. Nem poderiam eles ser, todos, traduzidos e dados a um mundo demasiado egoísta e aprisionado aos objetos dos sentidos, para que pudesse estar preparado a receber, com a devida atitude do espírito, uma moral tão elevada. Porque, a não ser que um homem se entregue perseverante no cultivo do autoconhecimento, ele jamais dará, de bom grado, ouvidos a conselhos de tal natureza.

E, contudo, esta ética preenche tomos e tomos da literatura oriental, sobretudo nos *Upanishads*. "Mata todo o desejo de viver" – diz Krishna a Arjuna. Esse desejo mora apenas no corpo, veículo do ser encarnado, e não na Individualidade que é "eterna, indestrutível, que não mata nem é mortal" (*Katha Upanishad*) "Mata a sensação", ensina o *Sutta Nipāta*; "olha do mesmo modo para o prazer e para a dor, para o ganho e para a perda, para a vitória e para a derrota". E ainda, "busca refúgio somente no eterno" (*ibid.*) "Destrói o sentido da separatividade" – repete Krishna de variadas maneiras. "Se a mente cede aos sentidos errantes, o entendimento foge, assim como o vento forte impulsiona, apressado, um barco sobre as águas" (*Bhagavad-Gitā*, II 67).[4]

---

[4] Editora Teosófica, Brasília, 2022. (Nota Ed. Bras.)

Por isso se julgou melhor fazer uma escolha judiciosa só entre aqueles tratados que mais atendam aos poucos verdadeiros místicos que há na Sociedade Teosófica, e que com certeza se ajustem às suas necessidades. Só esses compreenderão estas palavras de Krishna-Christos, o Ser Superior.

O Senhor Bem-aventurado disse: Tu te afliges por aqueles por quem não deveria afligir-te, porém dizes palavras de sabedoria. Os sábios não se afligem pelos vivos nem pelos mortos.[5]

1889

H.P.B.

[5] O *Jñāneshvari*, tal qual hoje se conhece, está escrito em Marāthi, e consiste da *Bhagavad-Gitā* (II - 11) [Editora Teosófica, Brasília, 2022.] E um comentário de Jñāneshvari.

Fragmento I

A Voz do Silêncio

Nesta tradução esforcei-me por conservar a beleza poética da expressão e das imagens que caracteriza o original. Compete ao leitor avaliar até que ponto o consegui.

1889

Helena Blavatsky

1. ESTAS INSTRUÇÕES são para aqueles que ignoram os perigos dos *Iddhis*[6] inferiores.

---

[6] A palavra páli *Iddhi* equivale ao *Siddhis*, em sânscrito, ou faculdades "psíquicas", os poderes não usuais no homem. Há duas espécies de *Siddhis*: um grupo que compreende as energias inferiores, grosseiras, "psíquicas" e mentais; o outro, exige o mais elevado cultivo dos poderes espirituais. Diz Krishna no *Shrimad Bhāgavat*: "Aquele que está ocupado em praticar *yoga*, que venceu os seus sentidos e concentrou a

2. Aquele que quiser ouvir a voz de *Nāda*[7], o Som sonoro, e compreendê-la, terá que aprender a natureza e *Dhāranā*[8].

3. Tendo-se tornado indiferente aos objetos de percepção, deve o discípulo procurar o *Rājā* dos sentidos, o produtor de pensamentos, aquele que desperta a ilusão.

4. A mente é a grande assassina do Real.

5. Que o discípulo mate a assassina.

Pois:

6. Quando para si mesmo a sua própria forma parece irreal, como o parecem, ao despertar, todas as formas vistas em sonhos.

---

mente em mim (*Krishna*) – a um tal Iogue, todos os *Siddhis* estão prontos a servir."

[7] A voz sem som, ou a "voz do silêncio". Literalmente, isto devia talvez traduzir-se "voz no som espiritual", visto que *Nāda* é o equivalente sânscrito do termo *Senzar*.

[8] *Dhāranā* é a concentração intensa e perfeita da Mente sobre qualquer objeto interior, acompanhada da abstração completa de tudo quanto pertença ao universo exterior, ou mundo dos sentidos.

7. Quando deixar de ouvir os muitos, poderá perceber o UNO – o som interior que mata o exterior.

8. Só então, não antes, abandonará ele a região de *Asat*, o falso, para chegar ao reino de *Sat*, o verdadeiro.

9. Antes a Alma possa ver, a harmonia interior deve ser alcançada, e os olhos da carne tornados cegos a toda ilusão.

10. Antes que a Alma possa ouvir, a imagem (o homem) tem de se tornar surda aos rugidos como aos murmúrios, aos bramidos dos elefantes em fúria como ao prateado sussurro do pirilampo de ouro.

11. Antes que a Alma possa compreender e recordar-se, ela deve primeiro unir-se ao Falante Silencioso, como a forma a ser dada pela argila é primeiro unida à mente do ceramista.

12. Porque então a Alma ouvirá e poderá recordar-se.

13. E ao ouvido interior falará:

A Voz do Silêncio

E que dirá:

14. Se a tua Alma sorri ao banhar-se na luz solar da tua vida; se a tua Alma canta dentro da sua crisálida de carne e matéria; se a tua Alma chora em seu castelo de ilusão; se a tua Alma se esforça por romper o fio de prata que a liga ao Mestre[9] – sabe, ó discípulo, que a tua Alma é da Terra.

15. Quando ao tumulto do mundo a tua Alma[10] que desabrocha dá ouvidos; quando à voz clamo-

---

[9] O "grande Mestre" é o termo que os *Lanoos* empregavam para designar o Ser Superior. Equivale ao *Avalokiteshavara*, e é o mesmo que o *Adi-Buddha* dos ocultistas do Budismo, o *Ātman* dos brâmanes, e o *Christos* dos antigos gnósticos.

[10] "Alma" é aqui empregado para designar o Ego ou *Manas*, que na nossa oculta divisão setenária se chama a Alma humana, para distingui-la das Almas espirituais e animais.

rosa da grande ilusão[11] a tua Alma responde; quando se assusta ao ver as lágrimas quentes da dor; quando ensurdecida pelos gemidos da angústia, sua Alma se retira, como a tímida tartaruga, para dentro da carapaça do egocentrismo, sabe, ó discípulo, que do seu Deus silencioso a tua Alma é um sacrário indigno.

16. Quando, já mais forte, a tua Alma sai do seu retiro seguro; e, soltando-se do seu sacrário protetor, estende o seu fio de prata e avança; quando, ao contemplar a sua imagem nas ondas do espaço, ela murmura, "Isto sou eu" – declara, ó discípulo, que a tua Alma está presa nas teias da ilusão.[12]

17. Esta Terra, ó discípulo, é a Sala das Tristezas, onde existem, ao longo da senda de duras provações, armadilhas para apanhar teu ego na ilusão chamada "grande heresia".[13]

---

[11] *Mahā-Maya*, a grande ilusão, o Universo objetivo.

[12] *Sakkāyaditthi*, a ilusão da personalidade.

[13] *Attavāda*, a heresia da crença na Alma, ou antes, na separa-

18. Esta Terra, ó ignorante discípulo, não é senão a triste entrada para aquele crepúsculo que precede o vale da verdadeira luz – essa luz que nenhum vento pode apagar e que arde sem pavio nem combustível.

19. Diz a grande Lei: "Para te tornares o conhecedor do Ser Total[14], tens primeiro de conhecer o Ser". Para chegares ao conhecimento desse Ser, tens de abandonar o eu ao não eu, o ser ao não ser, e poderás então repousar entre as asas da Grande Ave[15]. Sim, suave é o descanso entre as asas daquilo que não nasce, nem morre, mas é o *AUM* através de eras eternas[16].

ção da Alma do Ser universal, uno e infinito.

[14] O *Tattvajñāni* é o conhecedor ou aquele capaz de discernir os princípios na natureza e no homem; e *Ātmajñāni* é o conhecedor de *Ātman* ou do Ser universal uno.

[15] *Kāla Hamsa*, a Ave ou Cisne. Diz o *Nāda-bindu upanishad* (*Rig Veda*) traduzido pela Sociedade Teosófica de Kumbakonam – "Considera-se a sílaba "A" como a asa direita da ave *Hamsa*, "U" a asa esquerda, "M" a cauda, e o *Ardha-mātrā* (meio-metro) diz-se ser a sua cabeça".

[16] A eternidade tem para os orientais um sentido diverso do

20. Cavalga a Ave da Vida, se queres saber[17].

21. Renuncia a tua vida, se queres viver[18].

22. Três salas, ó cansado peregrino, conduzem ao fim dos trabalhos. Três salas, ó conquistador de *Māra,* te levarão através de três estados[19] até o quarto[20], e daí até os sete mundos[21], os mundos do Descanso Eterno.

---

que para nós. Representa em geral os 100 anos ou "idade" de *Brahmā,* a duração de um *Kalpa,* ou seja, um período de 4.320.000.000 anos.

[17] Diz o citado *Nāda-bindu,* "Um Iogue que cavalga *Hamsa* (assim contempla sobre o *AUM*) não é afetado por influências *kármicas* ou efeitos de pecados".

[18] Renuncia a vida da personalidade física se queres viver em Espírito.

[19] Os três estados de consciência, que são: *Jāgrat,* o de vigília; *Svapna,* o de sonho; e *Sushupti,* o estado de sono profundo. Estas três condições do *Yoga* conduzem ao quarto, que é – sono sem sonhos, um estado de elevada consciência espiritual.

[20] O *Turīya,* o que está além do estado do sono sem sonhos, um estado de elevada consciência espiritual.

[21] Alguns místicos orientais indicam sete planos de existência, os sete *Lokas* ou mundos dentro do corpo de *Kāla Hamsa,* o cisne além do tempo e do espaço, convertível em o cisne no tempo, quando se torna *Brahmā,* em vez de *Brahman.*

23. Se queres saber os seus nomes, escuta-os e recorda-te.

24. O nome da primeira é Sala da Ignorância – *Avidyā*.

25. É a Sala em que vistes a luz, em que vives e morrerás[22].

26. O nome da segunda é a Sala da Instrução[23]. Nela a tua Alma encontrará as flores da vida, mas debaixo de cada flor está uma serpente enrolada[24].

27. O nome da terceira é Sala da Sabedoria, além da qual se estende o mar sem praias de *Akshara*, a fonte indestrutível da onisciência[25].

---

[22] O mundo fenomênico, apenas dos sentidos e da consciência terrena.

[23] A sala da Instrução probacionária.

[24] A região astral, o mundo psíquico das percepções sensuais e das visões ilusórias – o mundo dos médiuns. É a grande "serpente astral" de Éliphas Lévi. Nenhuma flor colhida nesse mundo foi alguma vez trazida para a terra sem que trouxesse a sua serpente enroscada na haste. É o mundo da grande ilusão.

[25] A região da plena consciência espiritual, para além da qual já não há perigo para quem lá chegou.

28. Se queres atravessar seguramente a primeira sala, que a tua mente não tome os fogos da luxúria que ali ardem pela luz do sol da vida.

29. Se queres atravessar seguramente a segunda, não pares para aspirar o perfume das suas flores embriagantes. Se queres ver-te livre das cadeias *kármicas*, não procures o teu Guru nessas regiões *māyāvicas*.

30. Os sábios não se detêm nas regiões prazerosas dos sentidos.

31. Os sábios não dão ouvidos às doces vozes da ilusão.

32. Procura aquele que te dará o nascimento na Sala da Sabedoria.[26], a Sala que está além, onde se desconhecem todas as sombras e onde a luz da verdade brilha com uma inalterável glória.

---

[26] O Iniciador que conduz o discípulo pelos conhecimentos que lhe ministra, ao seu segundo nascimento, ou nascimento espiritual, chama-se o Pai, Guru ou Mestre.

33. Aquilo que é incriado habita em ti, Discípulo, assim como reside nessa Sala. Se queres alcançá-lo e unir os dois, tens de despir-te das tuas escuras vestes de ilusão. Abafa a voz da carne, não permitas que nenhuma imagem dos sentidos se entreponha entre a luz do incriado e a tua, e assim as duas poderão fundir-se em uma. E, tendo aprendido a tua própria *ajnāna*[27], fuja da Sala da Instrução. Essa sala é perigosa por sua traiçoeira beleza, e necessária apenas para a tua provação. Acautela-te *Lanoo,* não vá a tua Alma, deslumbrada pelo brilho ilusório, demorar-se e enredar-se na sua luz enganadora.

[27] *Ajnāna é* a ignorância ou não sabedoria, o contrário do Conhecimento, *Jnāna.*

34. Esta luz brilha da joia do grande enganador (*Māra*)[28]. Ela enfeitiça os sentidos, cega a mente e deixa o incauto qual um náufrago abandonado.

35. A mariposa, atraída pela chama ofuscante de tua lâmpada noturna está condenada a perecer no azeite viscoso. A alma incauta que fracassa em lutar contra o demônio zombeteiro da ilusão retornará à Terra escrava de *Māra*.

36. Contemple as hostes das Almas. Vê como elas pairam sobre o mar tempestuoso da vida humana, e como, exaustas, sangrando, de asas quebradas, caem, uma após outra, nas infladas ondas. Sacudidas pelos ventos ferozes, perseguidas pe-

[28] *Māra* é, nas religiões exotéricas, um demônio, um *Asura*, mas na filosofia esotérica é a personificação da tentação pelos vícios humanos; traduzido literalmente, quer dizer "aquilo que mata" a alma. É representado como um rei (dos *Māras*), com uma coroa onde brilha uma joia de tal fulgor que cega aqueles que para ela olham, e esse fulgor representa, é claro, a fascinação que o vício exerce sobre certas naturezas.

los vendavais, são arrastadas para os redemoinhos e desaparecem no primeiro grande vórtice.

37. Se, através da Sala da Sabedoria, queres chegar ao Vale da Bem-aventurança, Discípulo, fecha os teus sentidos à grande e cruel heresia da separatividade que te afasta dos demais.

38. Não deixes que o teu "Nascido do Céu", submerso no mar de *Māya*[29], se desprenda do Pai Universal (ALMA), mas que o ígneo poder[30] se retire para a câmara mais íntima, a câmara do Coração[31] e a morada da Mãe do Mundo[32].

---

[29] Ilusão.

[30] O "ígneo poder" é *Kundalini*.

[31] A câmara interna do coração, chamada, em sânscrito, *Brahmā-pura*.

[32] O "Poder" e a "Mãe do Mundo" são nomes dados à *Kundalini* – um dos poderes místicos dos Iogues. É *Buddhi*, considerado como princípio ativo e não passivo (como geralmente compreendido, considerado como simples veículo ou receptáculo do Espírito Supremo, *Ātman*). É força eletroespiritual, o poder criador que, quando chamado a agir, pode tão facilmente matar como criar.

39. Então do coração esse Poder ascenderá até a sexta região, à região mediana, o lugar entre os teus olhos, quando se torna a respiração da ALMA UNA, a voz que tudo preenche, a voz do seu Mestre.

40. Só então podes tornar-te um "Caminhante do Céu"[33], que pisa os ventos sobre as ondas, cujo passo não toca as águas.

41. Antes que ponhas o pé no degrau superior da escada dos sons místicos, tens de ouvir de sete maneiras a voz do teu DEUS *interno*[34].

---

[33] *Khechara*, "o caminhante do Céu", ou "andarilho do Céu". Conforme se explica no sexto *Adhyāya*, sobre o rei das obras místicas, o *Jñāneshvarī* – o corpo do Iogue se torna como que feito de vento; como "uma nuvem de onde nasceram membros" depois do que – "ele (o Iogue) contempla as coisas para além dos mares e das estrelas; ouve e compreende a linguagem dos *Devas* (deuses) e percebe o que está acontecendo na mente de uma formiga.

[34] O Ser Superior.

42. A primeira é como a voz suave do rouxinol cantando uma canção de despedida à sua companheira.

43. A segunda vem como o som de um címbalo de prata dos *Dhyānis,* despertando as estrelas cintilantes.

44. A terceira é como o lamento melodioso de um espírito do oceano, prisioneiro na sua concha.

45. E a esta segue-se o canto da *Vīnā*[35].

46. A quinta soa como uma flauta de bambu estridente em teus ouvidos.

47. Em seguida se transforma em um toque de uma trombeta.

48. A última vibra como o surdo estrondo de um trovão.

[35] *Vīnā* é um instrumento de corda indiano.

49. A sétima absorve todos os outros sons, que morrem para não mais serem ouvidos.

50. Quando os seis[36] estão mortos e postos aos pés do Mestre, então o discípulo imerge no UNO, se torna esse UNO[37] e nele vive.

51. Antes que possas ingressar na Senda, tens de destruir o teu corpo lunar[38], purificar o teu corpo mental[39], e limpar o teu coração.

52. As águas puras da vida eterna, límpidas e cristalinas, não podem misturar-se com as torrentes lamacentas da tempestade das monções.

---

[36] Os seis princípios que constituem o homem; isto acontece quando a personalidade inferior é destruída e a individualidade interna imerge e perde-se no Sétimo (princípio) ou Espírito (*Ātman*).

[37] O discípulo torna-se uno com *Brahmā* ou *Ātman.*

[38] A forma astral produzida pelo princípio *kármico,* o *kāma-rūpa* ou corpo de desejo.

[39] *Mānasa-rūpa* se relaciona com a individualidade, ou Ego reencarnante, assim como o *kāma-rupa* se refere ao eu astral ou pessoal. Para que *mānasa-rūpa* se manifeste no nosso plano, *kāma-rūpa,* a consciência ou *manas* inferior tem de ser paralisada.

53. A gota de orvalho do céu, brilhante no coração do lótus ao primeiro raio de sol matutino, ao cair na terra torna-se um fragmento de lama; vede como a pérola se tornou uma partícula de lodo.

54. Luta com os teus pensamentos impuros antes que eles te dominem. Trata-os como eles querem te tratar, porque, se os poupas, criarão raízes e crescerão, e repara bem, esses pensamentos dominar-te-ão até que te matem. Acautela-te, discípulo, não sucumba, não deixes aproximar-se nem mesmo a sua sombra. Porque ela crescerá, aumentará em tamanho e poder, e então essa coisa escura absorverá o teu ser antes que te apercebas da presença do monstro hediondo e negro.

55. Antes que o poder místico[40] possa fazer de ti um deus, *Lanoo*, deves ter adquirido a faculdade de matar, quando quiseres, a tua forma lunar.

56. O ser da matéria e o Ser do Espírito nunca podem se encontrar. Um deles tem de desaparecer; não há lugar para ambos.

57. Antes que a mente da tua Alma possa compreender, deve o casulo da personalidade ser esmagado e o verme dos sentidos destruído sem poder ressurgir.

58. Não podes percorrer a Senda enquanto não te tornares a própria Senda[41].

---

[40] *Kundalinī*, o "Poder Serpentino ou o fogo místico. É chamado de poder serpentino ou anelar pela sua atuação ou progresso em espiral, manifestando-se no corpo do asceta que está desenvolvendo em si mesmo esse poder. É um poder ígneo e elétrico oculto ou *fohático*, a grande força pristina que está subjacente em toda a matéria orgânica e inorgânica.

[41] Esta Senda é mencionada em todas as obras místicas. Como diz Krishna no *Jñāneshvarī*: "Quando se contempla essa Senda... quer sigamos para o esplendor do Oriente, quer para as câmaras do Ocidente, *ó Arqueiro, a viagem nesta estrada é sem movimento.* Nessa Senda, qualquer lugar para onde queira-

59. Que a tua Alma dê ouvidos a todo o grito de dor como a flor de lótus abre o seu coração para sorver o sol matutino.

60. Não deixes que o sol feroz seque uma única lágrima de dor antes que a tenhas, tu mesmo, enxugado dos olhos de quem sofre.

61. Que cada ardente lágrima humana goteje no teu coração e aí permaneça; nem tampouco a enxugues enquanto não for retirada a dor que a causou.

62. Estas lágrimas, ó tu de coração tão compassivo, são os rios que irrigam os campos da caridade imortal. É neste solo que cresce a flor da meia-noite do Buddha[42], mais difícil de se achar, mais rara de se ver, do que a flor da árvore Vogay. É a semente que liberta do renascer. Ela iso-

---

mos ir, esse lugar nos tornamos". "Tu és a Senda" – diz-se ao Adepto Guru e esse ao discípulo, depois da Iniciação. "Eu sou o Caminho e a Senda" – diz um outro Mestre.

[42] O grau de Adepto – a floração do *Boddhisattva*.

la o *Arhat* tanto do conflito como da luxúria, levando-o através dos campos da existência para a paz e a bem-aventurança, só conhecidas na terra do silêncio e do não-ser[43].

63. Mata o desejo; mas se o matares, cuida bem para que ele não renasça depois de morto.

64. Mata o amor à vida; mas se matares *tanhā*[44], que não seja pela ânsia da vida eterna, mas para substituir o evanescente pelo eterno.

65. Não desejes nada. Não te amofines contra o *Karma,* nem contra as leis imutáveis da Natureza. Luta apenas com o pessoal, o transitório, o evanescente e o perecível.

66. Auxilia a Natureza e trabalha com ela; e a Natureza te terá por um dos seus criadores e te obedecerá.

---

[43] No original em inglês *non-being*. (Nota Ed. Bras.)

[44] *Tanhā*: a vontade de viver, o medo da morte e o amor à vida, aquela força ou energia que causa o renascer.

67. E, diante de ti, ela abrirá de par em par as portas das suas câmaras secretas, desnudará ante tua vista os tesouros ocultos nas profundezas do seu seio puro e virgem. Não maculada pela mão da matéria, ela revela os seus tesouros apenas aos olhos do Espírito – o olho que nunca se fecha, o olho para os quais não há véu em todos os seus reinos.

68. Então ela te mostrará os meios e o Caminho, o primeiro portal, o segundo, o terceiro, até o sétimo. E então a meta – além da qual jaz, banhadas pela luz solar do Espírito, glórias incalculáveis, invisíveis a qualquer um, exceto olhos da Alma.

69. Há apenas um Caminho para a Senda e só bem no seu final se pode ouvir a "Voz do Silêncio". A escada pela qual o candidato ascende é formada por degraus de sofrimento e dor; esses somente podem ser calados pela voz da virtude. Ai de ti, ó Discípulo, se restar um único vício que não abandonaste; porque então a escada cederá, fazendo-te cair. Seu pé está apoiado no profundo lodo dos teus pecados e faltas. Antes que possas tentar atravessar esse largo abismo de matéria, tens de lavar os teus pés nas águas da renúncia. Acautela-te, não vas pousar um pé ainda sujo no primeiro degrau da escada. Ai daquele que ousa macular um só degrau com os pés lamacentos. A lama vil e viscosa secará, tornar-se-á pegajosa, e acabará por colar-te o pé ao degrau; e, como uma ave presa no visco do caçador astuto, ele será detido em todo o progresso ulterior. Os seus vícios tomarão forma e o arrastarão à queda. Os seus pecados erguerão a voz, como o riso e o soluço do chacal depois do pôr do sol; os seus pensamentos se converterão em um exército, levando-o consigo, como um escravo cativo.

70. Mata os teus desejos, *Lanoo*, torna os teus vícios impotentes, até dares o primeiro passo na solene jornada.

71. Estrangula os teus pecados, torna-os mudos para sempre, antes que ergas um pé para subir a escada.

72. Silencia os teus pensamentos e concentra toda tua atenção sobre o teu Mestre, que ainda não vês, mas sentes.

73. Funde num só sentido todos os teus sentidos, se queres estar seguro contra o inimigo. É só por aquele sentido que está oculto na cavidade do teu cérebro, que a Senda íngreme que conduz ao teu Mestre pode se revelar aos olhos turvos da tua Alma.

74. Longa e fatigante é a Senda ante ti, ó discípulo. Um único pensamento a respeito do passado que abandonaste te puxará para baixo, e terás novamente de começar a ascensão.

75. Mata em ti toda a recordação de experiências passadas. Não te voltes para trás ou estarás perdido.

76. Não creias que a luxúria possa ser aniquilada se satisfeita ou saciada, porque isso é uma abominação inspirada por *Māra.* É alimentando o vício que ele se expande e se fortalece, tal como a lagarta que se alimenta no coração da flor.

77. A rosa deve voltar a ser o botão, nascido de sua haste original, antes que o parasita lhe tenha roído o coração e bebido a seiva vital.

78. A árvore dourada faz brotar seus botões de ouro antes que o seu tronco tenha sido desbastado pela tempestade.

79. O discípulo deve recobrar *o estado infantil que perdeu,* antes que o primeiro som lhe possa soar ao ouvido.

80. A luz do Único Mestre, a única e eterna luz dourada do Espírito, lança seus resplandecentes raios sobre o discípulo desde o primeiro instante. Os seus raios atravessam as pesadas e espessas nuvens da matéria.

81. Ora aqui, ora ali, esses raios a iluminam, como os raios do Sol iluminam a Terra através das espessas folhagens da floresta. Mas, ó discípulo, a não ser que a carne seja passiva, a cabeça tranquila, a Alma firme e pura como um diamante cintilante, o fulgor não chegará à câmara[45], a sua luz solar não aquecerá o coração, nem os sons místicos das alturas *ākāshicas*[46] chegarão ao ouvido, por mais ávido que esteja, no estágio inicial.

82. A não ser que ouças, não poderás ver.

83. A não ser que vejas, não poderás ouvir. Ouvir e ver, eis o segundo estágio.

....

84. Quando o discípulo vê e ouve, e quando cheira e gosta, com os olhos fechados, os ouvidos, o na-

---

[45] A câmara interna do coração, chamada em sânscrito de *Brahmā-pura*. O "poder de fogo" é *Kundalinī*. (Nota Ed. Bras.)

[46] Os sons místicos, ou a melodia mística, ouvidos pelo asceta no princípio do seu ciclo de meditação, chamado *Anāhatashabda* pelos Iogues. O *Anāhata* é o quarto dos *Chakras*.

riz e a boca tapados; quando os quatro sentidos se fundem e estão prontos a tornar-se o quinto, aquele do tato interior – então ele passou para o quarto estágio.

85. E no quinto, ó matador dos teus pensamentos, todos esses têm de ser outra vez mortos, até não ser possível reanimarem-se[47].

86. Aparta tua mente de todos os objetos e visões externas. Aparta as imagens internas, para que não lancem uma sombra escura sobre a luz da tua Alma.

87. Estás agora em *Dhāranā*[48], o sexto estágio.

---

[47] Isso significa que no sexto estágio de desenvolvimento, que é *Dhāranā* no sistema oculto, cada sentido como faculdade individual tem de ser "morto" (ou paralisado neste plano) passando a ser, e fundindo-se com o sétimo sentido, o mais espiritual.

[48] *Dhāranā* é a concentração intensa e perfeita da Mente sobre qualquer objeto interior, acompanhada da abstração completa de tudo quanto pertença ao universo exterior, ou mundo dos sentidos.

88. Quando tiveres ingressado no sétimo estágio, ó bem-aventurado, não mais perceberás os Três Sagrados[49], pois terás te tornado esses Três. Tu mesmo e a mente, como gêmeos em um mesmo nível, a estrela que é o teu guia brilhando acima, nas alturas[50]. Os Três que residem na glória e na bem-aventurança inefáveis, agora perderam os seus nomes no mundo de *Māyā*. Torna-

[49] Cada estágio de desenvolvimento no *Rāja Yoga* é simbolizado por uma figura geométrica. Esta é o triângulo sagrado e precede *Dhāranā*. O Δ é o sinal dos elevados chelas, ao passo que outra espécie de triângulo é o dos elevados Iniciados. O "I" é o símbolo de que *Buddha* falou e que empregou como símbolo da forma incorporada de *Tathāgata* quando liberto dos três métodos de *prajñā*. Os estágios preliminares e inferiores uma vez passados, o discípulo já não vê o Δ, mas sim –, a abreviatura do –, o Setenário completo. A sua verdadeira forma não é aqui apresentada porque é quase certo que seria aproveitada por algum charlatão e profanada em seu uso para fins fraudulentos.

[50] A estrela que brilha nas alturas é a "estrela da iniciação". O sinal dos *Shaivas*, ou devotos da seita de *Shiva*, grande patrono de todos os Iogues, é um ponto circular negro. Agora, talvez, símbolo do Sol, mas no Ocultismo da antiguidade, o da estrela da iniciação.

ram-se uma só estrela, o fogo que arde mas não queima, aquele fogo que é o *Upādhi*[51] da Chama.

89. E isto, ó Iogue triunfante, é o que os homens chamam *Dhyāna*[52], o verdadeiro precursor do *Samādhi*[53].

90. E agora o teu ser está perdido no Ser, tu mesmo em TI MESMO, imerso naquele SER do qual anteriormente irradiaste.

91. Onde está a tua individualidade, *Lanoo*, onde está o próprio *Lanoo*? És a chispa perdida no

---

[51] A base (*Upādhi*) da chama sempre inatingível, enquanto o asceta está nesta vida.

[52] *Dhyāna* é o penúltimo estágio nesta Terra, a não ser que nos tornemos *Mahātmās* completos. Como já se disse, neste estado o *Rāja* Iogue é ainda espiritualmente consciente do Ser e da operação dos seus princípios superiores. Mais um passo, e estará no plano além do sétimo (o quarto, segundo certas escolas). Depois da prática de *Pratyāhāra* – um treinamento preliminar, para controlar a mente e os pensamentos – contam *Dhāranā, Dhyānā* e *Samādhi*, e incluem os três sob o nome genérico de *SAMYAMA*.

[53] *Samādhi* é o estado em que o asceta perde a consciência de toda a individualidade, incluindo a sua. Torna-se o TODO.

fogo, a gota dentro do oceano, o raio de luz sempre presente tornado o Todo e o fulgor eterno.

92. E agora, *Lanoo,* tu és o agente e a testemunha, o que irradia e a irradiação, a luz no som, e o som na luz.

93. Conheces, ó bem-aventurado, os cinco impedimentos. Tu és o seu conquistador, o Mestre do sexto, o enunciador dos quatro modos da verdade[54]. A luz que neles se projeta irradia de ti, ó tu que foste discípulo, mas agora és Instrutor.

E destes modos da Verdade:

94. Não atravessaste tu o conhecimento de toda a miséria – a primeira verdade?

---

[54] Os quatro modos da verdade são, no Budismo do Norte: *Ku*, o sofrimento ou miséria; *Tu*, a reunião das tentações; *Mu*, a destruição delas; e *Tau*, a Senda. Os cinco "impedimentos" são o conhecimento da miséria, a verdade a respeito da fragilidade humana, as restrições opressivas, e a absoluta necessidade de separação de todas os liames da paixão, e mesmo dos desejos. A "Senda da salvação" é o último.

95. Não venceste o rei dos Māras em *Tsi*, o portal da assembleia[55] – a segunda verdade?

96. Não destruíste o pecado no terceiro portal, atingindo a terceira verdade?

97. Não entraste em *Tau*, "a Senda" que leva ao conhecimento – a quarta verdade?[56]

98. E agora, descansa sob a árvore de *Bodhi*, que é a perfeição de todo o conhecimento, porque, sabe-o, és o Mestre de *Samādhi* – o estado da visão infalível.

---

[55] No portal da assembleia está o rei dos *Māras*, o *Māhā-Māra*, tentando cegar o candidato com o brilho da sua joia.

[56] Esta é a quarta das cinco Sendas do renascer, que conduzem e arrastam todos os seres humanos para um perpétuo estado de tristeza e de alegria. Estas "Sendas" não passam de subdivisões da Senda Única, resultante do *Karma*.

99. Veja! Tu te tornaste a luz, tu te tornaste o Som, és o teu Mestre e o teu Deus. Tu próprio és o objeto da tua busca: a voz ininterrupta que soa através de eternidades, isenta de mudanças, isenta de pecados, os sete sons em um só,

A VOZ DO SILÊNCIO.

100. *Om Tat Sat.*

Fragmento II

As Duas Sendas

101. E agora, ó Mestre da Compaixão, ensina tu o caminho aos outros homens. Eis que todos aqueles que batem no portal, para serem admitidos, esperam na ignorância e na escuridão, para ver abrir-se o portal da Doce Lei!

A voz dos candidatos:

102. Não deves tu, Mestre da tua própria misericórdia, revelar a doutrina do coração[57]?

---

[57] Às duas escolas da doutrina do *Buddha*, a esotérica e a exotérica, chamam-se respectivamente a doutrina do "Coração" e a doutrina do "Olho". *Bodhidharma*, a religião Sabedoria da China – donde os nomes passaram para o Tibete – chamou-as de os homens do *Tsung* (escola esotérica) e os homens de *Kiau* (escola exotérica). A primeira é assim chamada porque é o ensinamento que emanou do coração de Gautama Buddha, ao passo que a doutrina do "Olho" foi produto da sua cabeça ou

Recusar-te-ás conduzir os teus servos até a Senda da Libertação?

Diz o mestre:

103. As Sendas são duas; três as grandes Perfeições; seis as Virtudes que transformam o corpo na Árvore do Conhecimento[58].

104. Quem se aproximará delas?

105. Quem entrará nelas primeiro?

---

cérebro. A doutrina do Coração também se chama o "selo da verdade", ou o "verdadeiro selo", símbolo esse que se encontra no cabeçalho de quase todas as obras esotéricas.

[58] A Árvore do Conhecimento é o título dado pelos seguidores de *Bodhidharma* ou Religião Sabedoria, àqueles que atingiram a altura máxima do conhecimento místico – os Adeptos. Religião-Sabedoria é o termo empregado por Blavatsky em *A Chave para a Teosofia* para a "Sabedoria Antiga", a Sabedoria de todos os tempos, revelada pelos Adeptos, a *Theos Sophia*, Sabedoria Divina. Nāgārjuna, o fundador da Escola *Mādhyamika*, foi chamado a "Árvore Dragão", sendo o dragão o símbolo da Sabedoria e do Conhecimento. A árvore é respeitada porque foi sob a árvore *Bodhi* (sabedoria) que Buddha teve seu nascimento (iniciação) e iluminação, pregou o seu primeiro sermão, e morreu.

106. Quem primeiro ouvirá a doutrina das duas Sendas em uma, a verdade revelada sobre o Coração Secreto[59]? A Lei que, evitando a erudição, ensina a Sabedoria, revelando uma história de aflição.

107. Ai, ai, embora todos os homens possuam *Ālaya*, sejam unos com a grande Alma, e mesmo assim, possuindo-a, *Ālaya*[60] tão pouco lhes sirva.

108. Repara como, tal qual a lua se reflete nas ondas tranquilas, *Ālaya* é refletida pelos pequenos e pelos grandes, espelhada nos átomos ínfimos, e contudo não consegue chegar ao coração de todos. Ai, que tão poucos sejam os homens que se aproveitam do dom, da inestimável dádiva de aprender a verdade, a correta percepção das coisas existentes, o conhecimento do não existente!

---

[59] "Coração Secreto" é a doutrina esotérica.

[60] Alma Universal, *Glossário Teosófico*, Ed. Ground.(Nota Ed. Bras.)

Diz o Discípulo:

109. Ó Mestre, que farei eu para alcançar a Sabedoria?

110. Ó Sábio, que farei para conseguir a perfeição?

111. Procura as Sendas. Mas, ó *Lanoo*, sê puro de coração antes que comeces a tua jornada. Antes de dar o primeiro passo, aprende a separar o real do falso, o fugaz do permanente. Aprende, sobretudo, a separar a erudição da cabeça, da Sabedoria da Alma; a Doutrina do "Olho," da Doutrina do "Coração",

112. Sim, a ignorância é como um cântaro fechado e sem ar; a Alma um pássaro aprisionado dentro dela; mas a ave canora não gorjeia e nem pode mexer uma pena, mas emudece e entorpece, e morre de exaustão.

113. Mas mesmo a ignorância é preferível à erudição da cabeça sem a Sabedoria da Alma para a iluminar e guiar.

114. As sementes da Sabedoria não podem germinar nem crescer no espaço sem ar. Para viver e colher experiência, a mente precisa de amplitude e profundidade e pontos para atraí-la para a Alma de Diamante[61]. Não procures esses pontos no reino de *Māyā*; mas eleva-te além das ilusões, busca o eterno e imutável *Sat*[62], desconfiando das falsas insinuações da fantasia.

---

[61] A Alma de Diamante, *Vajrasattva*, um dos títulos do supremo Buddha, Senhor de todos os mistérios, chamado *Vajradhara* e *Ādi-Buddha*.

[62] *Sat* – a única Realidade e Verdade eterna e absoluta, sendo tudo o mais uma ilusão.

115. Porque a mente é como um espelho: cobre-se de pó enquanto reflete[63]. São necessárias as suaves brisas da Sabedoria da Alma para limpar o pó de nossas ilusões. Procura, ó Principiante, fundir tua Mente e Alma.

116. Afasta-te da ignorância e da mesma forma da ilusão. Desvia a face das decepções do mundo; desconfia dos teus sentidos, eles são falsos. Mas dentro do teu corpo – santuário das tuas sensações – procura no impessoal o Homem Eterno[64]; e, tendo-o procurado fora, olha para dentro: tu és Buddha[65].

---

[63] Da doutrina de Shin-Sieu, que ensina que a mente humana é como um espelho que atrai e reflete todos os átomos de pó, e, como esse espelho, tem de ser cuidada e limpa todos os dias. Shin-Sieu foi o sexto patriarca do Norte da China, que ensinou a doutrina esotérica do *Bodhidharma*.

[64] Os budistas do Norte chamam ao Ego reencarnante o "Homem Verdadeiro", que se torna, em união com o seu Ser Superior, um Buddha.

[65] *Buddha* significa "Iluminado".

117. Evita o elogio, ó devoto; o elogio conduz à autoilusão. O teu corpo não é o Ser, o teu Ser é, em si, sem corpo, e o elogio ou a censura não o afetam.

118. O autoconvencimento, ó discípulo, é como uma torre altíssima, à qual subiu um arrogante tolo. Ali se senta em orgulhosa solidão, desapercebido de todos, salvo de si mesmo.

119. A falsa erudição é rejeitada pelos Sábios, e espalhada aos ventos pela Boa Lei. A sua roda gira para todos, tanto para os humildes como para os orgulhosos. A "Doutrina do Olho"[66] é para a multidão; a "Doutrina do Coração" para os eleitos. Os primeiros repetem, orgulhosos: "Vejam, eu sei"; os últimos, aqueles que humildemente têm colhido, confessam em voz baixa: "Assim ouvi".[67]

---

[66] Veja a nota do aforismo 102.

[67] A fórmula costumeira que precede as escrituras budistas, e significa que o que segue foi notado de direta tradição oral do Buddha e dos *Arhats*.

120. "A Grande Peneiradora" é o nome da "Doutrina do Coração", ó discípulo.

121. A roda da Boa Lei gira rapidamente. Mói noite e dia, separando o joio do trigo dourado e a casca da farinha. A mão do *Karma* guia a roda; as rotações marcam o bater do coração *kármico.*

122. O verdadeiro conhecimento é a farinha, a falsa erudição é a casca. Se queres comer o pão da Sabedoria, tens de amassar a tua farinha com as águas límpidas de *Amrita*[68]. Mas, se amassas cascas com o orvalho de *Māyā,* só podes criar alimento para as pombas negras da morte, as aves do nascimento, da decadência e da tristeza.

[68] A imortalidade.

123. Se te disserem que para te tornares *Arhan* tens de deixar de amar todas as coisas – dize-lhes que mentem.

124. Se te disserem que para te libertares tens de detestar a tua mãe e desprezar o teu filho; de renegar o teu pai e chamar-lhe de "dono de casa"[69]; de renunciar toda a compaixão pelos homens e pelos animais – dize-lhes que as suas palavras são falsas.

125. Assim ensinam os *Tirthikas*[70], os incrédulos.

126. Se te ensinarem que o pecado nasce da ação e a Bem-aventurança da inação absoluta, dize-lhes que se enganam. A impermanência da ação humana, a libertação da mente da sua

---

[69] Rathapāla, o grande *Arhat*, assim se dirige a seu pai na lenda chamada Rathapāla Sūtrasanne. Mas como todas essas lendas são alegóricas (por exemplo: o pai de Rathapāla tem uma casa com sete portas), compreende-se a reprimenda àqueles que as aceitam literalmente.

[70] Brâmanes ascéticos, visitadores de sacrários, sobretudo lugares de banhos sagrados.

escravidão pela cessação de pecados e faltas não são para os Egos *Devas*[71]. Assim diz a "Doutrina do Coração".

127. O *Dharma* do "Olho" é a personificação do externo e do não existente.

128. O *Dharma*[72] do "Coração" é a personificação de *Bodhi*[73], o eterno e o permanente.

129. A lâmpada brilha intensamente quando o pavio e o óleo estão limpos. Para limpá-los é preciso quem os limpe. A chama não sente o processo de limpeza. "Os ramos de uma árvore são sacudidos pelo vento; o tronco permanece imóvel".

130. Tanto a ação como a inação podem encontrar lugar em ti; o teu corpo agitado, a tua mente

---

[71] Os Egos reencarnantes.

[72] Doutrina, lei, dever.

[73] A Sabedoria verdadeira e divina.

tranquila, a tua Alma límpida como um lago de montanha.

131. Queres tu tornar-te um Iogue do Círculo do Tempo? Então, ó *Lanoo*:

132. Não creias que te sentando em florestas escuras, em orgulhosa reclusão, afastado dos homens; não creias que a vida alimentada de plantas e raízes, saciada a sede com a neve da grande Cordilheira – não creias, ó Devoto, que isso te levará à meta da libertação final.

133. Não julgues que quebrar os ossos, a carne e os músculos dilacerados, te unirá ao teu Ser silencioso[74]. Não julgues que quando estão vencidos os pecados da tua forma grosseira, ó Vítima das tuas Sombras[75], o teu dever está cumprido para com a Natureza e o homem.

[74] O Ser Superior, o sétimo princípio.

[75] Nossos corpos físicos são chamados sombras, nas escolas místicas.

134. Os bem-aventurados desprezaram essa atitude. O Leão da Lei, o Senhor da Misericórdia[76], percebendo a verdadeira causa da dor humana, imediatamente abandonou o repouso suave, mas egoísta dos tranquilos desertos. De *Āranyaka*[77] tornou-se o Instrutor da humanidade. Depois de *Julai*[78] ter alcançado o *Nirvāna,* ele pregou em montanhas e planícies, fez discursos nas cidades, aos *Devas,* homens e Deuses[79].

135. Semeia boas ações e colherás os seus frutos. A inação num ato de misericórdia se converte em ação num pecado mortal.

Assim diz o Sábio:

---

[76] O Buddha.

[77] Um eremita que se retira para as selvas, vivendo numa floresta ao se tornar um Iogue.

[78] *Julai* é o nome chinês para *Thatāgata,* título dado ao Buddha.

[79] Todas as tradições do Norte e do Sul concordam em mostrar que Buddha saiu da sua solidão logo que resolveu o problema da vida – isto é, recebeu a iluminação interior – e ensinou publicamente à humanidade.

136. Por que queres abster-te da ação? Não é assim que a tua Alma conquistará sua libertação. Para alcançar o *Nirvāna* é preciso chegar ao autoconhecimento, e o autoconhecimento é filho de ações amorosas.

137. Tem paciência, candidato, como quem não teme o fracasso, nem corteja o êxito. Fixa o olhar da tua Alma na estrela cujo raio és[80], a estrela flamejante que brilha nas obscuras profundezas do ser permanente, nos ilimitados campos do Desconhecido.

138. Tem perseverança como aquele que tem de resistir eternamente. As tuas sombras vivem e desaparecem[81]; aquilo que em ti viverá para sempre, aquilo que em ti conhece (porque é conhecimento) não é da vida transitória: é o

---

[80] De acordo com o ensinamento esotérico, cada Ego espiritual é um raio de um Espírito Planetário.

[81] As personalidades, ou corpos físicos, chamam-se sombras, por serem evanescentes.

Homem que foi, que é e será, para quem a hora nunca soará.

139. Se queres colher doce paz e descanso, ó Discípulo, planta as sementes do mérito nos campos das colheitas futuras. Aceita as dores do nascimento.

140. Afasta-te da luz do Sol para a sombra, para dares mais espaço aos outros. As lágrimas que regam o solo árido da dor e da tristeza fazem nascer as flores e os frutos da retribuição *kármica*. Da fornalha da vida humana e da sua fumaça negra, surgem chamas aladas, chamas purificadas, que se elevam sob o olhar *kármico*, tecendo, por fim, o glorioso tecido das três vestes da Senda[82].

141. Essas vestes sublimes[83] são: *Nirmānakāya*, *Sambhogakāya*, e *Dharmakāya*.

---

[82] Vide nota de rodapé 152 referente ao Aforismo 306.

[83] *Ibid* 82.

142. A veste *Shangna*[84], é certo, pode fornecer a luz eterna. A veste *Shangna* apenas leva ao *Nirvāna* da destruição, detendo o renascimento. Mas, ó *Lanoo*, também mata a compaixão. Os Buddhas perfeitos, que vestem a glória do *Dharmakāya*, já não podem ajudar a salvação humana. Ai! Devem os *eus* serem sacrificados para o eu, a humanidade para o bem-estar de indivíduos?

143. Sabe, ó principiante, que esta é a *Senda Aberta*, o caminho para a felicidade egoísta, evitado pelos *Bodhisattvas* do "Coração Secreto", os Buddhas da Compaixão.

---

[84] A veste *Shangna*, do *Shangnavasu* de *Rājagriha*, o terceiro grande *Arhat*, ou Patriarca, segundo a terminologia dos orientalistas para a hierarquia dos trinta e três *Arhats* que difundiram o Budismo. "A veste *Shangna*" significa, metaforicamente, a aquisição de sabedoria com que se ingressa no *Nirvāna* da destruição (da personalidade). Literalmente, quer dizer a veste da Iniciação dos neófitos. Edkins afirma que este tecido de fibras vegetais foi trazido para a China do Tibete, na Dinastia de Tong. "Quando nasce um *Arhan*, esta planta é encontrada crescendo num lugar limpo" – diz a lenda chinesa, assim como a tibetana.

144. Viver para beneficiar a humanidade é o primeiro passo. Praticar as seis gloriosas virtudes[85] é o segundo.

145. Adotar a veste humilde do *Nirmānakāya* é privar-se da eterna bem-aventurança para o Ser, para auxiliar na salvação da humanidade. Alcançar a bem-aventurança do *Nirvāna*, mas renunciá-la é o supremo passo final – a mais elevada Renúncia.

146. Sabe, ó discípulo, que esta é a SENDA *Secreta*, escolhida pelos *Buddhas* de Perfeição, que sacrificaram o SER pelos seres mais fracos.

147. Mas, se a doutrina do coração for elevada demais para ti, se precisas te auxiliar a ti mesmo e receias oferecer auxílio aos outros – então, ó tu de coração tímido, acautela-te em tempo: contenta-te com a Lei da "Doutrina do Olho".

---

[85] "Praticar a Senda *Pāramitā*" quer dizer tornar-se um Iogue com o fim de se transformar em um asceta.

Ainda tenha esperança. Pois se o "Caminho Secreto" não é acessível "hoje", "amanhã"[86] estará ao teu alcance. Aprenda que não há esforço, por pequeno que seja – quer no bom sentido, quer no mau – que possa desvanecer-se no mundo das causas. Mesmo a fumaça dissipada deixa seu rastro. "Uma palavra brusca dita em vidas passadas não se perde, mas sempre retorna"[87]. A pimenteira não produz rosas, nem a prateada estrela de jasmim se torna espinho ou cardo.

148. Podes criar "hoje" tuas oportunidades de "amanhã". Na Grande Jornada[88], as causas semeadas a cada hora produzem cada qual a sua colheita de efeitos, porque uma justiça rígida governa o mundo. Com o potente impulso de sua ação infalível, ela traz aos mor-

---

86 "Amanhã" quer dizer o renascimento ou reencarnação seguinte.

87 Preceitos da Escola *Prasanga*.

88 A Grande Jornada é o ciclo completo de existências em uma Ronda ou Cadeia Planetária.

tais vidas de alegria ou de aflições, a progênie *kármica* de todos os nossos pensamentos e ações anteriores.

149. Aceita, pois, tanto quanto o mérito te haja reservado, ó tu de coração paciente. Anima-te e contenta-te com a sorte. Tal é o teu *Karma*, o *Karma* do ciclo dos teus nascimentos, o destino daqueles que, em sua dor e tristeza, nascem ligados a ti, regozijam e choram de vida em vida, presos às tuas ações anteriores.

....

150. Age tu por eles hoje, e eles agirão por ti amanhã.

151. É do botão da renúncia do teu próprio ser que nasce o doce fruto da libertação final.

152. Condenado a perecer é aquele que, por medo de *Māra*, deixa de auxiliar os homens, com receio de agir em proveito próprio. O peregrino que quer refrescar os seus cansados membros em águas correntes, mas não mergulha por medo à corrente, arrisca-se a sucumbir de calor. A inação baseada no medo egoísta não pode dar senão maus frutos.

153. O devoto egoísta vive inutilmente. Vive em vão o homem que não realiza em vida a obra para a qual nasceu.

154. Segue a roda da vida; segue a roda do dever para com a tua raça e a família, para com o amigo e o inimigo, e imuniza a tua mente aos prazeres e à dor. Esgota a lei da retribuição *kármica*. Adquire *Siddhis*[89] para o teu nascimento futuro.

155. Se não podes ser o Sol, sê então o humilde planeta. Sim, se te é impossível brilhar como o Sol do meio-dia sobre o monte nevado da

---

[89] *Siddhis* são as faculdades psíquicas, os poderes não usuais no homem comum.

eterna pureza, então escolhe, ó neófito, um caminho mais humilde.

156. Aponta o caminho – embora vagamente e perdido entre a multidão – como o faz a estrela da tarde àqueles que caminham pela escuridão.

157. Observa *Migmar*[90], em seus véus carmesins, o seu olhar se derrama sobre a Terra adormecida. Contempla a aura ígnea da mão de *Lhagpa*[91] estendida com amorosa proteção sobre as cabeças dos seus ascetas. Ambos são agora servos de *Nyima*[92], deixados, na sua ausência, como vigilantes silenciosos da noite. Contudo ambos foram, em *Kalpas* passados, *Nyimas* brilhantes, e talvez em dias futuros

---

[90] *Migmar* ou Marte, na astrologia tibetana, é simbolizado por um olho.

[91] *Lhagpa* ou Mercúrio é simbolizado por uma mão.

[92] *Nyima* é o Sol na astrologia tibetana.

se tornem outra vez dois sóis. Tais são as descidas e subidas da lei *kármica* na Natureza.

158. Sê, ó *Lanoo*, como eles. Dá luz e conforto ao cansado peregrino, e procura aquele que sabe ainda menos do que tu; que na sua infeliz desolação está faminto pelo pão da Sabedoria e do pão que alimenta a sombra, sem um Instrutor, sem esperança ou consolação, e faz com que ele ouça a Lei.

159. Dize-lhe, ó candidato, que aquele que faz do orgulho e do amor-próprio servos da devoção; que aquele que, apegado à existência, contudo se mostra paciente e submisso à Lei como uma delicada flor aos pés de *Shākya-Thub-pa*[93], se torna um *Srotāpatti*[94] neste nas-

[93] Buddha.

[94] *Srotāpatti* ou "aquele que entra na corrente" do *Nirvāna*, a não ser que atinja a meta devido a razões excepcionais, raras vezes poderá atingir o *Nirvāna* em uma só vida. Em geral diz-se que um *chela* começa o esforço ascensional em uma vida e o termina ou chega à meta apenas no seu sétimo nascimento depois desse.

cimento. Os *Siddhis* da perfeição podem parecer remotos, muito distantes; porém, está dado o primeiro passo, ele entrou na corrente, e pode adquirir a visão da águia das montanhas, o ouvido da tímida corça.

160. Dize-lhe, ó aspirante, que a verdadeira devoção pode restituir-lhe o conhecimento, aquele conhecimento que foi seu em vidas anteriores. A visão e a audição *dévicas* não são obtidas em uma breve vida.

161. Sê humilde, se queres adquirir a Sabedoria.

162. Sê mais humilde ainda, quando a tiveres adquirido.

163. Sê como o oceano, que recebe todos os rios e riachos. A imensa calma do oceano permanece imperturbável; ele não os sente.

164. Domina o teu eu inferior com o teu Ser Divino.

165. Domina o Divino com o Eterno.

166. Sim, grande é aquele que mata o desejo.

167. Maior ainda é aquele em quem o Ser Divino matou o próprio conhecimento do desejo.

168. Vigia o Inferior, para que não macule o Superior.

169. O teu caminho para a libertação final está dentro de ti.[95]

170. Esse caminho começa e termina fora do Ser.

171. Aos olhos dos tolos, vazia é a forma humana, ainda que cheia das doces águas de *Amrita*. Na visão orgulhosa dos *Tīrthikas*[96], não louvada pelos homens, é a humilde mãe de todos os rios; contudo, a origem dos rios sagra-

[95] Isto é, no seu Ser Superior.

[96] Os *Tīrthikas* são os sectários *bramānicos* de além dos Himalaias, chamados "infiéis" pelos budistas na terra sagrada, o Tibete, e vice-versa.

dos é a terra sagrada[97], e aquele que possui a Sabedoria é respeitado por todos os homens.

172. *Arhans* e Sábios de visão ilimitada[98] são raros como a flor da árvore Udumbara. Os *Arhans* nascem à meia-noite, tal qual a planta sagrada de nove e sete hastes[99], a flor sagrada que desabrocha e floresce na escuridão. Nasce do puro orvalho e do leito gelado dos cumes nevados, alturas não pisadas por nenhum pecaminoso.

173. Ninguém, ó *Lanoo,* se torna um *Arhan* na existência em que, pela primeira vez, a Alma começa a ansiar pela libertação final. E, contudo, ó ansioso, a nenhum guerreiro que se oferece voluntariamente para a terrível luta entre o vivo e o morto[100], a nenhum recruta

---

[97] O Tibete.

[98] A visão ilimitada, ou seja, a visão psíquica, sobre-humana. Diz-se que um *Arhan* vê e sabe tudo, perto ou longe.

[99] Veja Aforismo 142.

[100] O vivo é o Ser superior e imortal, e o morto, o eu inferior e pessoal.

pode jamais ser recusado o direito de entrar na Senda que conduz ao campo de batalha.

174. Porque ou vencerá ou cairá.

175. Sim, se vence, o *Nirvāna* será seu. Antes de abandonar a sombra, a sua envoltura mortal, essa causa prenhe de angústias e dores ilimitadas, os homens honrarão nele um Buddha grande e sagrado.

176. E se cai, ainda assim não cairá em vão; os inimigos que matou na última batalha não tornarão a viver na sua próxima encarnação.

177. Mas se queres conquistar o *Nirvāna,* ou lançar fora esse prêmio[101], não seja o fruto da ação e da inação o teu motivo, ó tu de coração destemido.

178. Sabe que o *Bodhisattva* que troca a libertação pela Renúncia, para vestir as angústias da

[101] Vide nota 152 do aforismo 306.

"Vida Secreta"[102] chama-se "três vezes Venerado", ó candidato à dor através dos ciclos.

179. A Senda é uma, Discípulo, mas dupla no final. Os seus estágios estão marcados por quatro e sete portais. Numa extremidade, a bem-aventurança imediata; na outra, a bem-aventurança diferida. Ambas são a recompensa do mérito: a escolha é tua.

180. A Senda una torna-se duas, a *Aberta* e a *Secreta*[103]. A primeira leva à meta, a segunda, ao Autossacrifício.

181. Quando ao Permanente o mutável se sacrifica, o prêmio é teu; a gota volta ao lugar de onde veio. A Senda *Aberta* conduz à mudança imutável – ao *Nirvāna*, o glorioso estado Absoluto, à Bem-aventurança que ultrapassa o entendimento humano.

---

[102] A "Vida Secreta" é a vida como *Nirmānakāya*.

[103] A Senda Aberta é a ensinada ao leigo, é o exotérico e geralmente aceito, ao passo que a Senda Secreta – a sua natureza é explicada na Iniciação.

182. Assim, a primeira Senda é a LIBERTAÇÃO.

183. Mas a Segunda Senda é a RENÚNCIA; por isso é chamada a "Senda das Aflições".

184. A Senda *Secreta* conduz o *Arhan* a aflições mentais indizíveis, pesar pelos mortos-vivos[104], e impotente compaixão pelos homens das tristezas *kármicas,* cujos frutos do *Karma,* os Sábios não ousam deter.

185. Pois está escrito: "Ensina a evitar todas as causas; a agitação dos efeitos, como às grandes ondas da maré, tu deixarás seguir o seu curso".

186. A "Senda Aberta", tão logo atinjas o objetivo, te levará a rejeitar o corpo *Bodhisattvico,* e te levará a ingressar no estado três vezes glo-

[104] Os homens ignorantes das verdades e sabedoria esotéricas são chamados de os "mortos-vivos".

rioso de *Dharmakāya*[105], que é o eterno esquecimento dos homens e do mundo.

187. A "Senda Secreta" também conduz à bem-aventurança *paranirvânica,* – mas ao final de inúmeros *kalpas; Nirvānas* ganhos e perdidos por ilimitada piedade e compaixão pelo mundo dos iludidos mortais.

....

188. Mas é dito: "O último será o maior". Samyak Sambuddha, o Mestre da Perfeição, renunciou ao Ser para a salvação do mundo, parando no limiar do *Nirvāna,* o estado imaculado.

189. Tens agora o conhecimento a respeito das duas Sendas. Chegará o momento em que terás de escolher, ó tu de Alma ardente, quando tiveres chegado ao fim e transposto os sete portais. A tua mente estará lúcida. Já não

[105] Vide nota de rodapé 153 do aforismo 306.

estarás preso a pensamentos ilusórios, porque aprendeste tudo. A Verdade encontra-se sem véu ante ti, encarando-te gravemente. Diz ela:

190. "Doces são os frutos do descanso e da libertação por causa do eu; porém, mais doces ainda são os frutos do longo e amargo dever; sim, da renúncia por amor aos outros, aos homens que sofrem".

191. Aquele que se converte em *Pratyeka Buddha*[106] só presta obediência ao seu Ser. O *Bodhisattva* que ganhou a batalha, que tem o prêmio na

---

[106] Annie Besant diz: "O *Pratyeka* Buddha encontra-se no nível de Buddha, mas o seu trabalho no mundo não está ligado aos ensinamentos de Buddha. O seu trabalho está sempre envolto em mistérios. A noção equivocada e contrária ao bom senso de que ele, com tanto poder super-humano, sabedoria e amor, pudesse ser egoísta, é encontrada nos livros exotéricos, embora seja difícil entender como essa noção apareceu. HPB me encarregou de corrigir o engano, uma vez que ela, num momento de desatenção, copiou tal afirmação de algum lugar (*The Secret Doctrine*, Adyar, ed. 1972, vol.3, p.399).

palma de sua mão, ainda diz, em sua divina compaixão:

192. "Por amor aos outros, abdico desta grande recompensa" – realiza a maior Renúncia.

193. Ele é um SALVADOR DO MUNDO.

....

194. Repara! A meta da bem-aventurança e a longa Senda das aflições estão no extremo fim. Podes escolher uma ou outra, ó aspirante à Tristeza, através dos ciclos que hão de vir!

195. *OM VAJRAPĀNI HUM*

Fragmento III

Os Sete Portais

196. *UPADHYĀYA*[107], a escolha está feita, estou sedento pela Sabedoria. Rasgaste já o véu diante da Senda secreta e ensinaste o *Yāna*[108] superior. O teu servo aqui está, pronto para tua orientação.

197. Está bem, *Shrāvaka*[109]. Prepara-te, porque terás de viajar sozinho. O Instrutor pode ape-

[107] *Upadhyāya* é um preceptor espiritual, um Guru. Os budistas do Norte o escolhem geralmente entre os Naljor, homens santos, eruditos em *Gotrabhū-jñāna* e em *Jñāna-darshana-shuddhi*, professores da Sabedoria Secreta.

[108] *Yāna* significa veículo; assim, *Mahāyāna* é o Grande Veículo, e *Hīnayāna*, o "Veículo Menor", nomes esses de duas escolas de ciência religiosa e filosófica no Budismo.

[109] *Shrāvaka*: um ouvinte, ou estudante que segue as instruções religiosas. A palavra se origina do radical *Shru*. Quando o estudante passa da teoria à prática ou realização do ascetis-

nas apontar a direção. O caminho é um para todos, os meios para atingir à meta variam necessariamente de peregrino para peregrino.

198. Qual caminho escolherás, ó tu de coração destemido? O *Samtan*[110] da Doutrina do Olho, o quádruplo *Dhyāna,* ou abrirás caminho através das *Pāramitās*[111], seis em número, nobres portais da virtude, conduzindo a *Bodhi* e a *Prajñā*, sétimo degrau da Sabedoria?

199. A árdua Senda quádrupla de *Dhyāna* serpeia montanha acima. Três vezes grande é aquele que escala o píncaro altíssimo.

---

mo, torna-se um *shramana,* aquele que exercita *shrama,* ação. Como mostra Hardy, as duas formas correspondem às palavras gregas *akoustikoi* e *asketai.*

110 O *Samtan* tibetano é o mesmo que o sânscrito *Dhyāna,* ou estado de meditação, do qual há quatro graus.

111 *Pāramitās,* as seis virtudes transcendentais: caridade, moralidade, paciência, energia, contemplação e sabedoria. Para os sacerdotes há dez, as seis apontadas, e, além delas, o emprego dos meios justos, a ciência, os votos religiosos e a força de propósito (O Budismo Chinês, de Eitel).

200. As alturas de *Pāramitā* são atravessadas por uma Senda ainda mais íngreme. Tens de forçar o teu caminho através de sete portais, sete fortalezas guardadas por Potências cruéis e astutas – as paixões encarnadas.

201. Anima-te, discípulo; tem sempre presente a regra de ouro. Uma vez passada a porta *Srotāpatti*[112] "aquele que entrou na corrente";

---

[112] *Srotāpatti*: literalmente, "aquele que entrou na corrente", que conduz ao oceano *nirvānico*. Este nome indica a primeira Senda. O nome da segunda é *Senda Sakridāgāmin*, "aquele que receberá o nascimento (só) mais uma vez". A terceira é chamada de *Anāgāmin*, "aquele que não reencarnará mais", a não ser que assim o deseje para auxiliar à humanidade. A quarta Senda é conhecida como a do *Rahat* ou *Arhat*. É esta a mais elevada. Um *Arhat* vê o *Nirvāna* durante a sua vida. Para ele não é um estado *post-mortem*: é o seu *Samādhi*, durante o qual experimenta toda a bem-aventurança do *Nirvāna*. (Como se tem pouca segurança em relação às palavras e aos significados exatos utilizados pelos orientalistas, veja o que foi dito por três "consagradas" autoridades; Assim, os quatro nomes que citamos são dados por R. Spence Hardy como sendo: 1. *Sowan*; 2. *Sakradāgāmi*; 3. *Anāgāmi*; e 4. *Arya*. Pelo Rev. J. Edkins são dados como: 1. *Srōtāpanna*; 2. *Sagardagam*; 3. *Anāgānim*; e 4. *Arhan*. Schlagintweit escreve-os de maneira diversa, e cada um desses orientalistas dá a essas palavras sentidos diferentes).

uma vez que teu pé foi posto sobre o leito da corrente *nirvânica,* nesta vida ou em qualquer vida futura, tem apenas diante dele mais sete nascimentos, ó homem de vontade adamantina.

202. Repara. Que vês tu diante dos teus olhos, ó aspirante à Sabedoria Divina?

203. "O manto da escuridão cobre a profundeza da matéria; dentro de suas dobras me debato. Sob minha vista a escuridão se adensa, Senhor; ela se dissipa com um gesto da Tua mão. Uma sombra se move, arrastando-se como as dobras coleantes da serpente... Ela cresce, expande-se, e desaparece na escuridão".

204. É a sombra de ti próprio fora da *Senda,* lançando-se sobre a escuridão dos teus pecados.

205. "Sim, Senhor; vejo a SENDA; o seu princípio fincado no lodo, o seu cimo perdido na gloriosa luz *nirvânica*. E agora vejo os Portais cada vez mais estreitos no árduo e espinhoso caminho para *Jñāna*"[113].

206. Vês bem, *Lanoo*. Esses portais levam o aspirante a cruzar as águas "até a outra margem"[114]. Cada Portal tem uma chave de ouro que o abre; e essas chaves são:

207. *DĀNA*, a chave da caridade e do amor imortal.

208. *SHILA*, a chave da harmonia nas palavras e nos atos, a chave que equilibra a causa e o efeito, não deixando mais espaço à ação *kármica*.

209. *KSHĀNTI*, a doce paciência, que nada pode alterar.

---

[113] Conhecimento, sabedoria, ciência.

[114] Chegar à outra margem" é, para os budistas do Norte, sinônimo de atingir o *Nirvāna* pela prática das seis e dez *Pāramitās* (virtudes).

210. *VIRĀGA*[115], indiferença ao prazer e à dor, a ilusão vencida, somente o percebimento da verdade.

211. *VĪRYA*, a energia indômita que abre o seu caminho para a verdade suprema, erguendo-se acima das mentiras terrenas.

212. *DHYĀNA*, cuja porta de ouro, uma vez aberta, leva o *Naljor*[116] para o reino de *Sat*, o eterno, e para a sua contemplação sem fim.

213. *PRAJÑĀ*, cuja chave faz de um homem um Deus, tornando-o um *Bodhisattva*, filho dos *Dhyānīs*.

214. Tais são as chaves de ouro para esses portais.

215. Antes que possas aproximar-te do último, ó tecedor da tua libertação, tens de dominar estas *Pāramitās* da perfeição – as virtudes trans-

115 *Virāga* equivale ao termo sânscrito *Vairāgya*.

116 Um homem sem pecado, um santo.

cendentais em número de seis e dez[117] – por essa longa e cansativa *Senda*.

216. Pois, ó Discípulo, antes que estivesses apto a encontrar o teu instrutor face a face, a luz de teu MESTRE para iluminar, que foi que te disseram?

217. Antes que te possas acercar do portal principal tens de aprender a separar o teu corpo da tua mente, a dissipar a sombra e a viver no eterno.

Para isso, tens de viver e respirar em tudo, como tudo que vês e respira em ti; tens de existir em todas coisas, e todas as coisas em ti.

218. Não deixarás os teus sentidos fazerem da tua mente uma área de recreação.

---

[117] *Pāramitās*, as seis virtudes transcendentais; para os sacerdotes são dez.

219. Não separarás o teu ser do Ser, e do restante, mas imergirás o Oceano na gota, e a gota no Oceano.

220. Assim estarás em plena harmonia com tudo que vive; ama os homens como se eles fossem os teus condiscípulos, discípulos do mesmo Instrutor, filhos de uma única e doce mãe.

221. Instrutores há muitos; a ALMA-MESTRA é uma[118], *Ālaya,* a Alma Universal. Vive nesse MESTRE como o Seu raio em ti. Vive nos teus semelhantes como eles n'ELA.

222. Antes que estejas no limiar da Senda; antes que transponhas o principal Portal, tens de fundir os dois no Uno e sacrificar o pessoal ao Ser impessoal, e assim destruir a senda entre os dois – *Antahkarana*[119].

---

[118] A Alma-Mestra é *Ālaya*, a Alma Universal ou *Ātman*, cada homem tendo um raio em si, e com o qual, supõe-se, seja capaz de identificar-se com ela e nela imergir.

[119] *Antahkarana* é o *manas* inferior, o caminho de comunicação

223. Tens de estar pronto para responder ao *Dharma*, a lei austera, cuja voz te perguntará ao teu primeiro passo, ao teu passo inicial:

224. "Cumpriste todas as regras, ó tu de elevadas esperanças?"

225. "Afinaste o teu coração e mente com a grande mente e coração de toda a humanidade? Pois, como a voz sonora do rio sagrado, na qual todos os sons têm o seu eco[120], assim deve o

---

ou comunhão entre a personalidade e o *Manas* superior ou Alma humana. Na morte se destrói como um caminho ou meio de comunicação, e os seus resíduos sobrevivem numa forma, como o *Kāmarūpa* – a casca.

[120] Os budistas do Norte e todos os chineses sentem, no rugido profundo de alguns dos grandes rios sagrados, a nota mestra da Natureza. Daí o símile. É um fato bem-conhecido, tanto na Ciência física como no Ocultismo, que o som global da Natureza, tal como ouvido no rugido dos grandes rios, ou no ruído produzido pela oscilação dos cimos das árvores numa grande floresta, ou no som de uma cidade ouvido a distância – é um tom único e definido de alcance perfeitamente apreciável. Isso é demonstrado por físicos e músicos. Assim, o Prof. Rice (Música Chinesa) diz que os chineses reconheceram este fato há milhares de anos, mencionando que as águas do Hoang-ho, ao correr, davam o *Kung*, chamado o "grande

coração daquele 'que queira entrar na corrente', vibrar em resposta a cada suspiro e pensamento de tudo quanto vive e respira".

226. Os discípulos podem ser comparados às cordas da *Vīnā,* eco da alma; a humanidade, à sua caixa de ressonância; a mão que as toca, à harmoniosa respiração da Grande Alma do Mundo. A corda que falha em responder ao toque do Mestre, em doce harmonia com todos as demais, rompe-se e é lançada fora. Assim são as mentes coletivas dos *Lanoo-Shrāvakas.* Elas têm de estar afinadas com a mente de *Upādhya* – unas com a Super-Alma – ou romper-se.

---

tom" na música chinesa; e mostra que este tom corresponde ao lá, "considerado pelos físicos modernos o tom essencial da Natureza". O Prof. B. Silliman cita-o, também, no seu *Princípio de Física,* dizendo que "este tom é dado como sendo o lá médio do piano, que pode, portanto, ser considerado a nota mestra da Natureza".

227. Assim fazem os "Irmãos da Sombra" – os assassinos das suas Almas, o terrível clã dos *Dad-Dugpa*[121].

228. Sintonizaste o teu ser com a grande dor da humanidade, ó candidato à luz?

229. Fizeste assim?... Podes entrar. Antes, porém, que ponhas o pé na cansativa Senda das tristezas, convém que aprendas quais são as armadilhas no caminho.

....

230. Armado com a chave da Caridade, do amor e da terna misericórdia, tu estas seguro diante o portal de *Dāna,* o portal que fica à entrada da Senda.

---

[121]Os Bhöns e Dugpas e as várias seitas dos "barretes-vermelhos" são considerados como os mais hábeis feiticeiros, vivem no Tibete Ocidental, no Tibete Menor e no Butham. São todos *Tantrikas*. É absolutamente ridículo encontrar orientalistas que visitaram as fronteiras do Tibete, como Schlagintweit e outros, a confundir os ritos e as repugnantes práticas com as crenças religiosas dos Lamas orientais, os "barretes-amarelos" e os seus *Naljors* ou homens santos.

231. Vê, ó ditoso peregrino! O portal que tens diante de ti é alto e largo, parece que de fácil acesso. A estrada que o atravessa é reta, suave e relvada. É como uma clareira ensolarada no meio da floresta escura e profunda, um lugar na terra refletindo o paraíso de *Amitābha*[122]. Ali rouxinóis de esperança e aves de radiante plumagem, em bosques verdejantes, cantam a vitória aos destemidos peregrinos. Cantam as cinco virtudes de *Bodhisattva*, a fonte quíntupla do poder de *Bodhi*, e os sete degraus do conhecimento.

232. Passa, segue adiante! Trouxeste a chave; estás salvo.

233. Para o segundo portal o caminho é verdejante também. Porém, é íngreme e serpenteia montanha acima – sim, até ao seu cume rochoso. Névoas cinzentas cobrirão o seu píncaro, ásperas e pedregosas, e além tudo será

[122] *Amitābha* – o Imortal Iluminado, nome de Gautama Buddha.

escuridão. O cântico da esperança soa cada vez mais débil no coração do peregrino, na medida em que avança. O frêmito da dúvida o atinge, os seus passos se tornam menos firmes.

234. Acautela-te com isto, ó candidato; previne-te contra o medo que, como as asas negras e silenciosas do morcego noturno, se alastra entre o luar da tua Alma e a tua grande meta que surge na distância, muito longe ainda.

235. O medo, ó discípulo, mata a vontade e paralisa toda ação. Se é falho da virtude *Shila,* o peregrino tropeça, e pedras *kármicas* lhe ferem os pés ao longo da senda pedregosa.

236. Esteja firme, ó candidato. Banha a tua Alma na essência de *Kshānti* [123]*;* porque te aproximas agora do portal que tem esse nome, o portal da fortaleza e da paciência.

---

[123] *Kshānti,* " paciência", veja a enumeração das Chaves de Ouro nos aforismos 206 a 213 .

237. Não feches os olhos, nem percas de vista o *Dorje*[124] ; as flechas de *Māra* ferem sempre o homem que não atingiu *Virāga*[125] .

238. Não te amedrontes. O hálito do medo enferruja a chave de *Kshānti;* a chave enferrujada já não pode abrir.

239. Quanto mais avançares, mais armadilhas teus pés encontrarão. A senda do progresso é iluminada por uma única chama: a chama

---

[124] *Dorje* é, em sânscrito, *Vajra,* arma ou instrumento nas mãos de alguns Deuses (os *Dragshed* tibetanos, os *Devas* que protegem os homens) e é considerado como tendo o mesmo poder oculto de repelir más influências – purificando o ar – como o ozônio na química. É também um *mudra,* gesto e posição usados ao sentar para a meditação. É, em resumo, símbolo de poder sobre más influências invisíveis, quer como posição, quer como talismã. Os *Bhöns* e *Dugpas,* porém, tendo apropriado o símbolo, aproveitam-se dele para os fins da magia negra. Para os barretes-amarelos, ou *Gelugpas,* é símbolo de poder, como a cruz para os cristãos, embora, de modo algum, mais "supersticioso". Para os *Bhöns* é, como o duplo triângulo invertido, o sinal de feitiçaria.

[125] *Virāga* (sinônimo de *Vairāgya*) é o sentimento de absoluta indiferença para com o universo objetivo, ao prazer e à dor. "Desgosto" não dá bem a ideia, mas é o mais próximo que há. ("Despaixão" seria, talvez, o termo mais apropriado.)

da audácia ardendo no coração. Quanto mais ousares, mais obterás. Quanto mais temer, mais essa luz empalidecerá – e só ela pode guiar. Porque, quando cessa o último raio do sol que brilha no cume da montanha, segue a noite escura, assim é a luz do coração. Quando o astro se apaga, uma sombra negra e ameaçadora cairá do teu coração sobre a senda, e prenderá os teus pés no chão de forma aterrorizante.

240. Acautela-te, discípulo, contra essa sombra letal. Nenhuma luz que brilhe do Espírito pode dissipar a escuridão da Alma inferior, a não ser que dela tenha fugido todo pensamento egoísta e o peregrino diga: "Renunciei a esse corpo transitório; destruí a causa; as sombras, meros efeitos, não podem mais subsistir". Porque teve lugar agora a última grande batalha, a guerra final entre o Ser Superior e o Inferior. Vê o próprio campo da batalha se engolfou na grande guerra, e deixou de existir.

241. Mas, uma vez passada a porta de *Kshānti,* está dado o terceiro passo. O teu corpo é teu escravo. Prepara-te agora para o quarto passo, o Portal das tentações que enlaçam o homem *interior.*

242. Antes que possas te aproximar dessa meta, antes que a tua mão se erga para levantar a fechadura do quarto portal, deves ter dominado todas as tuas modificações mentais em seu ser, e matado o exército de sensações-pensamentos que, sutis e insidiosas, se insinuam sorrateiras no luzente santuário da Alma.

243. Se não queres ser morto por elas, tens de tornar inofensivas as tuas próprias criações, os filhos de teus pensamentos, invisíveis, impalpáveis, que se aglomeram em torno da humanidade, a progênie e os herdeiros do homem e dos seus despojos terrestres. Tens que estudar o vazio do aparentemente cheio, o cheio do aparentemente vazio. Ó destemido aspirante, olhe profundamente para dentro do poço de teu coração, e respondes: Conheces bem os poderes do Ser, ó observador das sombras externas?

244. Se os não conheces, estás perdido.

245. Pois, na quarta Senda, a mais leve brisa de paixão ou de desejo sacudirá a luz firme das brancas e puras muralhas da Alma. A menor onda de desejo ou pesar pelos dons ilusórios de *Māyā,* ao longo de *Antahkarana* – a senda que há entre o teu Espírito e o teu ser, a estrada das sensações, os rudes incitadores de *Ahamkāra*[126] – um pensamento rápido como a luz do relâmpago te fará perder os teus três prêmios –, os três prêmios que conquistaste.

---

[126] *Ahamkāra* – o sentimento de eu, a noção de "seidade", "eu sou".

246. Saiba que no ETERNO não há mudança.

247. "Abandona para sempre as oito terríveis misérias; se não, por certo, à sabedoria não pode chegar, nem mesmo à libertação", diz o grande Senhor, o *Tathāgata* de perfeição, "aquele que seguiu os passos dos seus predecessores".[127]

248. Austera e exigente é a virtude de *Virāga.* Se queres triunfar na sua senda, tens de manter tua mente e tuas percepções mais do que nunca livres da ação mortal.

249. Tens de impregnar-te de puro *Ālaya,* tornar-te uno com o Pensamento-Alma da Natureza. Unificado com ele, és invencível; separado dele, torna-te o campo recreativo de *Samvritti*[128], origem de todas as ilusões do mundo.

---

[127] Aquele que segue os passos dos seus predecessores" é o verdadeiro sentido do nome *Tathāgata* .

[128] *Samvritti* é uma das duas verdades que demonstra o caráter ilusório ou o vazio de todas as coisas. É uma verdade re-

250. Tudo é transitório no homem, salvo a pura e brilhante essência de *Ālaya*. O homem é o seu raio cristalino; internamente um feixe de imaculada luz; na superfície inferior, uma forma material de argila.

Esse raio é o guia de tua vida e o teu verdadeiro Ser, o Observador e o Pensador silencioso, a vítima do teu ser inferior. Tua Alma não pode ser ferida senão através do teu corpo errante; domina e controla ambos e estará seguro ao passar pelo Portal que se aproxima, o "Portal do Equilíbrio".

---

lativa, nesse caso. A escola *Mahāyāna* ensina a diferença entre estas duas verdades – *Paramārthasatya* e *Samvrittisatya* (*satya*-verdade). É este o pomo de discórdia entre os *Mādhyamikas* e os *Yogāchāras*, os primeiros negando e os segundos afirmando, que todo objeto existe devido a uma causa anterior ou por concatenação. Os *Mādhyamikas* são os grandes niilistas e negativistas, para os quais tudo é *parikalpita*, uma ilusão e um erro no mundo do pensamento, tanto no universo subjetivo como no objetivo. Os *Yogāchāras* são os grandes espiritualistas. *Samvritti*, portanto, por ser apenas uma verdade relativa, é a origem de toda a ilusão.

251. Anima-te, ó audaz peregrino, "para a outra margem". Não dês ouvidos aos sussurros das hostes de *Māra;* afasta-te dos tentadores, esses espíritos malignos, os *Lhamayin*[129] do espaço infinito.

252. Mantém-te firme! Acerca-te agora do portal central, da porta das aflições, com as suas dez mil armadilhas.

253. Domina os teus pensamentos, ó esforçado pela perfeição, se queres transpor o seu umbral.

254. Domina a tua Alma, ó buscador das verdades eternas, se queres atingir a meta.

255. Concentra o olhar da tua Alma na única Luz Pura, na Luz que não é afetada por nada, e utiliza a tua Chave de ouro.

---

[129] Os *Lhamayin* são elementais e maus espíritos adversos aos homens, seus inimigos.

256. O árduo trabalho está feito, a tua tarefa está quase concluída. O grande abismo, que se abriu para te engolir, está quase transposto.

257. Atravessaste o fosso que circula a porta das paixões humanas. Já venceste *Māra* e sua hoste furiosa.

258. Removeste as impurezas do teu coração e sangraste-o de desejos impuros. Mas, ó combatente glorioso, a tua tarefa ainda não está concluída. Constrói alto, *Lanoo,* o muro que cercará a tua Ilha Sagrada[130], o dique que protegerá a tua mente do orgulho e da satisfação ao pensares na grande façanha realizada.

259. Um sentimento de orgulho macularia a obra. Sim, ergue forte o muro, para que o potente ímpeto das ondas enfurecidas, que sobem e batem na sua costa, vindas do grande Mundo do oceano de *Māya,* não venha a engolir

[130] O Ser Superior, o Ser Pensante.

o peregrino e a ilha; – sim, mesmo quando a vitória for alcançada.

260. A tua "ilha" é a corça, os teus pensamentos os cães de caça que a perseguem e atormentam o seu avanço em direção à corrente da vida. Ai da corça que é apanhada pelos demônios ladradores antes que tenha atingido o Vale do Refúgio – *Jñāna-Mārga*[131], a chamada "Senda do puro conhecimento".

261. Antes que te possas estabelecer em *Jñāna-Mārga* e considerá-la tua, a tua Alma tem de se tornar como a manga madura: macia e doce como a sua brilhante polpa dourada para as angústias dos outros, dura como o caroço dessa fruta para as tuas próprias agonias e sofrimentos, ó Conquistador da Alegria e da Tristeza.

---

[131] *Jñāana-Mārga* é, literalmente, o caminho de *Jñāna*, ou o Caminho do Puro Conhecimento de *Paramārtha* ou (em sânscrito) *Svasamvedanā*, a reflexão autoevidente ou autoanalítica.

262. Torna a tua Alma rígida contra as armadilhas do eu[132]; faze com que ela mereça o nome de Alma de Diamante[133] .

263. Porque, como o diamante enterrado fundo no coração palpitante da terra não pode jamais refletir as luzes terrenas, assim como a tua mente e Alma; imersos em *Jñāna Mārga,* nada devem refletir do reino ilusório de *Māyā.*

264. Quando atingires esse estado, os Portais que tens de conquistar na Senda se abrirão de par em par, para que possas passar, e os maiores poderes da Natureza não terão força para deter teu curso. Tu serás mestre da sétupla Senda: mas não antes disso, ó candidato a provas indizíveis.

265. Até lá, te aguarda uma tarefa muito mais difícil; tens de te sentir TODO PENSAMENTO,

---

[132] No original em inglês: *self* (Nota Ed. Bras.)

[133] Veja a nota 61, aforismo 114, "Alma de Diamante" ou *Vajradhara* preside os *Dhyāni Buddhas*.

e contudo retirar da tua Alma todos os pensamentos.

266. Tens de alcançar aquela estabilidade mental que nenhuma brisa, por mais forte que seja, possa lhe insuflar um pensamento material. Assim purificado, o santuário deve se tornar vazio de toda a ação, som ou luz terrenos; assim como a borboleta, colhida pela geada, cai no limiar sem vida – assim devem todos os pensamentos materiais cair mortos ante o templo.

Vê o que está escrito:

267. "Antes que a chama dourada possa arder e iluminar com firmeza, a lâmpada deve permanecer bem resguardada, em um local imune a toda a aragem"[134]. Exposta à brisa mutável, a chama vacilará e, trêmula, lançará

[134] *Bhagavad-Gitā*. Editora Teosófica, Brasília, 2022 (Nota Ed. Bras).

sombras enganosas, negras, e sempre movediças, sobre o alvo sacrário da Alma.

268. E então, ó perseguidor da verdade, a tua Mente-Alma tornar-se-á como um elefante louco, enfurecido na floresta. Tomando as árvores por inimigos vivos, perece ao tentar eliminar as sempre mutáveis sombras que dançam nas muralhas rochosas iluminadas pelo Sol.

269. Acautela-te, não vá a tua alma, por cuidar do ser, deixar de firmar-se no solo do conhecimento *dévico.*

270. Acautela-te, não vá a tua Alma, ao esquecer o ser, perder o domínio sobre a mente trêmula, deixando assim de apreciar o justo prêmio das suas conquistas.

271. Acautela-te contra a inconstância! Pois ela é tua grande inimiga. A mudança te expulsará da Senda que percorres e te atirará nos viscosos pântanos da dúvida.

272. Prepara-te e acautela-te a tempo. Se tentaste e falhaste, ó destemido lutador, não percas, porém, a coragem: lute e volte a lutar novamente, repetidamente.

273. O guerreiro destemido com o precioso sangue de sua vida escorrendo das profundas feridas abertas atacará o inimigo, o expulsará de sua fortaleza, dominando-o, antes que ele próprio expire. Agi, pois, todos vós que falhais e sofreis, como ele, e da fortaleza de sua Alma expulsai todos os inimigos – a ambição, a cólera, o ódio, e até a sombra do desejo – mesmo quando houverdes fracassado...

274. Lembra-te, tu que lutas pela liberação humana[135], cada fracasso é um êxito, e cada tentati-

[135] É esta uma alusão a uma crença bem-conhecida no Oriente (como também no Ocidente de que cada Buddha ou santo adicional é um novo soldado no exército daqueles que trabalham pela libertação ou salvação da humanidade. Nos países do Budismo do Norte, onde é ensinada a doutrina dos *Nirmāṇakāyas* – aqueles *Bodhisatvas* que renunciam ao bem-merecido *Nirvāna* ou à veste do *Dharmakāya* (ambas os isolam para

va sincera ganha, a seu tempo, a sua recompensa. Os santos germes que brotam e crescem invisíveis na Alma do discípulo dobram como juncos mas não quebram, nem podem perder-se, tornam-se mais fortes a cada tentativa. Mas quando a hora soar, desabrocharão[136].

275. Porém, se vieste preparado, então nada temas.

---

sempre do mundo dos homens) para invisivelmente auxiliar a humanidade e conduzi-la finalmente ao *Paranirvāna* – cada novo *Bodhisattva*, ou Grande Adepto Iniciado, é chamado de "libertador da humanidade" A afirmação feita por Schlagintweit no livro *O Budismo no Tibete*, de que *Prulpai ku* ou *Nirmānakāya* é "o corpo em que os Buddhas ou *Bodhisattvas* aparecem na Terra para ensinar os homens" é absurdamente imprecisa e nada explica.

[136] Uma referência às paixões e aos pecados humanos que são chacinados durante as provações do noviciado, e servem de terreno bem-adubado onde os germes ou sementes das virtudes transcendentais podem germinar. As virtudes e os talentos ou dons já existentes são tomados como tendo sido adquiridos em um nascimento anterior. O gênio traz, sem exceção, um talento ou aptidão de uma vida anterior.

276. Daqui para frente o teu caminho será claro, reto, através da porta de *Vīrya,* o quinto dos Sete Portais. Estás agora no caminho que conduz ao refúgio de *Dhyāna,* o sexto portal, o Portal de *Bodhi.*

277. A porta de *Dhyāna* é como um vaso de alabastro; branco e transparente, dentro do qual arde uma firme luz dourada, a chama de *Prajñā,* que de *Ātman* irradia.

278. Tu és esse vaso.

279. Tu te afastaste dos objetos dos sentidos, seguiste pela "Senda da visão", pela "Senda da audição", e estás agora na luz do Conhecimento. Chegaste agora ao estado de *Titikshā*[137].

---

[137] *Titikshā* é o quinto estado de *Rāja Yoga* – um estado de suprema indiferença; submissão, se for preciso, ao que se chama "o prazer e a dor para todos", mas não usufruindo de prazer, nem de dor de tal submissão – em suma, tornar-se física, mental e moralmente indiferente e insensível tanto ao prazer, como à dor.

280. Ó Naljor, estás salvo.

....

281. Sabe, ó Conquistador dos pecados, que uma vez que um *Sowani*[138] tenha atravessado a sétima Senda, toda a Natureza vibra com reverência jubilosa e se faz submissa. A estrela prateada cintila a notícia às flores noturnas, o riacho murmura esse conto às pedras; as ondas escuras do oceano o cantam aos rochedos envoltos de espumas, as brisas perfumadas o cantam aos vales, e os altivos pinheiros sussuram misteriosamente: "Surgiu um Mestre, um Mestre do Dia"[139].

282. Ele se ergue agora como uma alva coluna no Ocidente, sobre cuja fronte o sol nascente do pensamento eterno derrama as suas primei-

---

[138] *Sowani* é aquele que pratica o *Sowan*, a primeira senda de *Dhyana*, um *Srotāpatti*.

[139] Dia aqui significa todo um *Manvantara*, um período de incalculável duração.

ras e gloriosas ondas. A sua mente, como um oceano calmo e ilimitado, se alastra no espaço sem praias. Ele detém a vida e a morte na sua poderosa mão.

283. Sim, ele é poderoso. O poder vivo tornou livre nele esse poder que é Ele mesmo. Ele pode elevar o tabernáculo da ilusão muito acima dos Deuses, acima dos grandes *Brahmā* e *Indra*. Agora, certamente, ele conquistará o seu grande prêmio!

284. Não usará ele os dons, que isso confere, para seu próprio descanso e bem-aventurança, sua felicidade e glória tão bem ganhos – ele, o subjugador da grande Ilusão?

285. Não, ó candidato à herança secreta da Natureza! Se quiseres seguir os passos do santo Tathāgata, esses dons e poderes não são para o ser.

286. Irás assim colocar um dique às águas nascidas em Someru[140]? Desviarás a corrente para o teu próprio proveito, ou irás fazê-lo subir até a sua nascente, pelas cristas dos ciclos?

287. Se quiseres que essa corrente de conhecimento, penosamente adquirida, de Sabedoria de origem divina, permaneça como uma corrente pura, não deves deixar que ela se transforme em um lago estagnado.

288. Sabe, se quiseres tornar-te cooperador de *Amitabha,* a "Idade Ilimitada", então deves espargir a luz adquirida, como os dois *Bodhisattvas*[141], em todo o âmbito dos três mundos[142] .

---

[140] Meru, a montanha sagrada dos Deuses.

[141] Na simbologia do Budismo do Norte, diz-se que *Amitābha* ou o "Espaço Ilimitado" (*Parabrahman*) tem no seu paraíso dois *Bodhisattvas* – Kuan-shi-yin e Tashishi – que não cessam de irradiar luz sobre os três mundos onde viveram, incluindo o nosso, para, com esta luz (do conhecimento) auxiliar a instrução dos Iogues, os quais, por sua vez, salvarão os homens. A sua elevada posição no reino de *Amitābha* é – diz a alegoria – devida a atos de misericórdia por ambos praticados, como tais Iogues, quando na Terra.

[142] Estes três mundos são os três planos do ser – o terreno, o astral e o espiritual.

289. Sabe que a corrente de conhecimento sobre-humano e a Sabedoria dos *Devas* que adquiriste deve ser, de ti, o canal de *Ālaya*, derramada em outro leito.

290. Sabe, ó Naljor, tu da Senda Secreta, que as suas águas puras e frescas devem ser empregadas para adoçar as ondas amargas do oceano – esse poderoso mar de sofrimento formado pelas lágrimas dos homens.

291. Ah! Quando houveres te tornado como a estrela fixa no céu mais elevado, esse luminoso orbe celestial deve, das profundezas do espaço, brilhar para todos – salvo para si próprio; dar luz a todos, mas não tomá-la de ninguém.

292. Ah! Quando houveres te tornado como a pura neve nos vales das montanhas, fria e insensível ao tato, quente e protetora para a semente que dorme profundamente sob o seu seio. É essa neve que deve receber a cortante geada, os vendavais do norte, protegendo assim, do seu dente agudo e cruel, a terra que guarda a colheita prometida, a colheita que dará pão aos que têm fome.

293. Condenado por ti mesmo a viver em futuros *Kalpas*[143] , sem o agradecimento e a percepção dos homens; entalado como uma pedra entre as inúmeras outras que formam a "Muralha Guardiã"[144], tal é o teu futuro se passares o sétimo portal. Construída pelas mãos de muitos Mestres de Compaixão, erguida pelas suas torturas, cimentada pelo seu sangue, ela protege a humanidade, desde que o homem é homem, livrando-a de novas e maiores misérias e aflições.

---

143 *Kalpas* – enormes ciclos de tempo.

144 A "Muralha Guardiã", ou "Muralha Protetora". Ensina-se que os esforços acumulados de longas gerações de Iogues, Santos e Adeptos, especialmente dos *Nirmānakāyas*, criaram, por assim dizer, um muro de proteção em torno da humanidade, que a escuda invisivelmente contra males ainda piores.

294. O homem, porém, não a vê, não a percebe, nem quer dar ouvidos à palavra daSabedoria ... porque não a conhece.

295. Mas tu a ouviste, tu sabes tudo, ó tu de Alma ardente e honesta... e tens de escolher. Ouça, então, mais uma vez.

296. Na Senda de *Sowan*, ó *Srotāpatti*[145], estás seguro. Sim, nesse *Mārga*[146], onde apenas trevas vêm ao encontro do cansado peregrino, onde, laceradas por espinhos, as mãos gotejam sangue e os pés são rasgados por pedras agudas e duras, *Māra* emprega as suas armas mais poderosas – lá há uma grande recompensa, imediatamente após.

297. Calmo e impassível, o peregrino desliza pela corrente que conduz ao *Nirvāna*. Ele sabe que quanto mais sangrarem os seus pés, mais

---

145 *Sowan* e *Srotapāti* são sinônimos.
146 *Marga* – "Senda".

completa será sua purificação. Ele sabe bem que depois de sete curtos e fugazes nascimentos, o *Nirvāna* será seu....

298. Tal é a Senda de *Dhyāna,* o refúgio do Iogue, a meta sagrada que os *Srotāpattis* buscam.

299. Não será assim quando tiver percorrido e conquistado a Senda *Ārhata*[147].

300. Ali *Klesha*[148] é destruído para sempre, e extirpadas as raízes de *Tanhā*[149]. Mas espera ainda, ó discípulo... ainda uma palavra. Podes destruir a divina Compaixão? Compaixão não é um atributo. É a Lei das Leis – a Harmonia eterna, o Ser de *Ālaya,* uma essência universal sem praias, a luz da Justiça eterna, o equilíbrio de todas as coisas, a lei do eterno amor.

---

[147] Do sânscrito *Arhat* ou *Arham.*

[148] *Klesha* é o amor ao prazer ou aos divertimentos terrenos, bons ou maus.

[149] *Tanhā,* a vontade de viver, aquilo que causa os renascimentos.

301. Quanto mais com ela te unificares, fundindo o teu ser no seu SER, quanto mais a tua Alma se unir àquilo que é, mais te tornarás a Compaixão Absoluta[150]

302. Tal é a Senda *Ārya,* a Senda dos Buddhas de perfeição.

303. Mas o que significam os papiros sagrados que te fazem dizer:

304. "*Om*! Creio que nem todos os *Arhats* obtêm a doce recompensa da Senda *Nirvânica*."

305. "*Om*! Creio que no *Nirvāna-Dharma* não ingressam todos os Buddhas"[151] .

---

[150] Esta "Compaixão" não deve ser encarada da mesma maneira que "Deus, o divino amor" dos teístas. Compaixão significa aqui uma Lei abstrata, impessoal, cuja natureza é a harmonia absoluta, que é lançada na confusão pela discórdia, no sofrimento e no pecado.

[151] Na fraseologia do Budismo do Norte todos os grandes *Arhats*, Adeptos e Santos são denominados Buddhas. As citações atuais são feitas do *Thegpa Chenpoido*, o *Mahāyāna Sūtra*, "invocações aos Buddhas da Compaixão", Parte 1. IV.

306. Sim, na Senda *Ārya* já não és um *Srotāpatti*, és um *Bodhisattva*[152]. Atravessaste a Corrente. É certo que tens direito à veste do *Dharmakāya;* mas um *Sambhogakāya* é maior do que um *Nirvāni,* e maior ainda é um *Nirmānakāya* – um Buddha da Compaixão[153].

---

[152] Um *Bodhisattva* é, hierarquicamente, menos do que um Buddha perfeito. Na linguagem exotérica os dois são muito confundidos. Mas a percepção popular, correta e inata, colocou um *Bodhisattva,* devido ao seu grande sacrifício, nas reverências, de maneira mais elevada do que um Buddha.

[153] Esta mesma reverência popular chama "Buddhas da Compaixão" àqueles *Bodhisattvas* que, tendo chegado ao grau *Arhat* (isto é, tendo completado o quarto ou sétimo Caminho), recusam-se a passar para o estado *nirvānico* ou "vestir a veste do *Dharmakaya* e passar para a outra margem", visto que então já não poderiam auxiliar os homens mesmo no pouco que o *Karma* permite. Preferem continuar invisíveis (em espírito, por assim dizer) no mundo, e contribuir para a salvação humana, influenciando os homens a seguir a boa Lei, isto é, levando-os para o Caminho da Virtude. É costume entre os exotéricos do Budismo do Norte venerar estes grandes seres como santos e mesmo orar para eles, como fazem os gregos e os ensinamentos esotéricos não permitem tais orações. Há grande diferença entre as duas doutrinas. O exotérico laico mal sabe o verdadeiro sentindo da palavra *Nirmānakāya* – daí a confusão e as explicações inadequadas dos orientalistas. Por exemplo: Schlagintweit acredita que *Nirmānakāya* significa a

307. Inclina agora a tua cabeça e escuta bem, ó

---

forma física assumida pelos Buddhas quando encarnam na Terra – "o menos sublime dos seus invólucros terrenos" (Ver *O Budismo no Tibete*) – e passa a dar opinião inteiramente falsa sobre o tema. A verdadeira doutrina é, porém, esta:

Os três corpos ou formas *búddhicas* são denominados:

I *Nirmānakāya.*
II *Sambhogakāya.*
III *Dharmakāya.*

O primeiro é aquela forma etérea que assume quando, abandonando o corpo físico, aparece no corpo astral – tendo além disso todos os conhecimentos de um Adepto. O *Bodhisattva* a desenvolve em si mesmo na medida em que avança na Senda. Tendo atingido a meta e recusado o usofruto da recompensa, permanece na Terra como um Adepto; quando morre, em vez de ingressar no *Nirvāna*, se mantém no corpo glorioso que teceu para si mesmo, invisível à humanidade não iniciada, para velar por ela e protegê-la.

Sambhogakāya (literalmente "Corpo de Compensação") é o mesmo *Nirmānakāya*, mas com o brilho adicional de três perfeições, uma das quais é a obliteração de todas as preocupações terrenas. O corpo *Dharmakāya* é o de um Buddha completo, isto é, não é corpo nenhum, mas o sopro ideal; a consciência imersa na Consciência Universal, ou a Alma despida de todos os atributos. Uma vez transformado-se em um *Dharmakāya*, um Adepto ou Buddha abandona toda a possível relação com, ou pensamento ligado a esta Terra. Assim, para poder auxiliar a humanidade, um Adepto que adquiriu o direito ao *Nirvāna* "renuncia ao corpo *Dharmakāya*", falando

Bodhisattva – a compaixão diz: "Pode haver bem-aventurança quando tudo que vive tem de sofrer? Quererás te salvar ouvindo todo o mundo chorar?"

308. Agora ouviste o que se disse:

309. Alcançarás o sétimo degrau e atravessarás a porta do conhecimento final, mas apenas para desposares a dor – se queres ser *Tathāgata,* seguir os passos do teu predecessor, permanece altruísta até o interminável fim.

310. Estás esclarecido – escolhe o teu caminho.

---

311. Contempla a luz suave que inunda o céu oriental. Céu e Terra unem-se em gestos de

---

misticamente; guarda, do *Sambhogakāya,* apenas os grandes e completos conhecimentos, e se mantém na sua veste de *Nirmānakāya.* A escola esotérica ensina que Gautama Buddha, com vários dos seus *Arhats,* é um *Nirmānakāya* deste gênero, acima do qual, pela grande renúncia e sacrifício pela humanidade, ninguém é conhecido.

louvor. E dos quádruplos poderes manifestados sobe um cântico de amor, tanto do Fogo brilhante como da Água corrente, da Terra perfumada e do Vento impetuoso.

312. Escuta!... do profundo e insondável vórtice daquela luz dourada na qual o Vencedor se banha, a voz sem palavras de TODA A NATUREZA se ergue em mil tons para proclamar:

313. REGOZIJA-VOS. Ó HOMENS DE *MYALBA*[154].

314. UM PEREGRINO REGRESSOU DA "OUTRA MARGEM".

---

[154] *Myalba* é a nossa Terra – propriamente chamada de Inferno – que a escola esotérica chama o maior de todos os infernos. A doutrina esotérica não conhece inferno, ou lugar de castigo, a não ser um planeta habitado de homens ou Terra. *Avichi* é um estado e não um lugar.

315. *NASCEU UM NOVO ARHAN...*[155]

316. PAZ A TODOS OS SERES.[156]

---

[155] Isto significa que nasceu um novo salvador da humanidade, que conduzirá os homens ao *Nirvāna* final, isto é, depois do fim do ciclo de vidas.

[156] Esta é uma das variantes da fórmula que invariavelmente fecha todo o tratado, invocação ou instrução. "Paz a todos os seres", "Bênçãos sobre tudo quanto vive", etc.